杭州优秀传统文化丛书

Hangzhou Youxiu Chuantong Wenhua Congshu

古人这么会生活

曹晓波——著

杭州出版社

图书在版编目（CIP）数据

古人这么会生活 / 曹晓波著 . -- 杭州 : 杭州出版社 , 2022.8
（杭州优秀传统文化丛书）
ISBN 978-7-5565-1661-2

Ⅰ . ①古… Ⅱ . ①曹… Ⅲ . ①社会生活—历史—杭州 Ⅳ . ① K295.51

中国版本图书馆 CIP 数据核字（2022）第 004134 号

Guren Zheme Hui Shenghuo

古人这么会生活

曹晓波/著

责任编辑 齐桃丽
装帧设计 李轶军　祁睿一
美术编辑 祁睿一
责任校对 魏红艳
责任印务 屈　皓
出版发行 杭州出版社（杭州市西湖文化广场32号6楼）
电话：0571-87997719　邮编：310014
网址：www.hzcbs.com
排　　版 浙江时代出版服务有限公司
印　　刷 天津画中画印刷有限公司
经　　销 新华书店
开　　本 710 mm × 1000 mm　1/16
印　　张 15.75
字　　数 197千
版 印 次 2022年8月第1版　2022年8月第1次印刷
书　　号 ISBN 978-7-5565-1661-2
定　　价 58.00元

文化是城市最高和最终的价值

我们所居住的城市，不仅是人类文明的成果，也是人们日常生活的家园。各个时期的文化遗产像一部部史书，记录着城市的沧桑岁月。唯有保留下这些具有特殊意义的文化遗产，才能使我们今后的文化创造具有不间断的基础支撑，也才能使我们今天和未来的生活更美好。

对于中华文明的认知，我们还处在一个不断提升认识的过程中。

过去，人们把中华文化理解成“黄河文化”“黄土地文化”。随着考古新发现和学界对中华文明起源研究的深入，人们发现，除了黄河文化之外，长江文化也是中华文化的重要源头。杭州是中国七大古都之一，也是七大古都中最南方的历史文化名城。杭州历时四年，出版一套“杭州优秀传统文化丛书”，挖掘和传播位于长江流域、中国最南方的古都文化经典，这是弘扬中华优秀传统文化的善举。通过图书这一载体，人们能够静静地品味古代流传下来的丰富文化，完善自己对山水、遗迹、书画、辞章、工艺、风俗、名人等文化类型的认知。读过相关的书后，再走进博物馆或观赏文化景观，看到的历史遗存，将是另一番面貌。

过去一直有人在质疑，中国只有三千年文明，何谈五千年文明史？事实上，我们的考古学家和历史学者一直在努力，不断发掘的有如满天星斗般的考古成果，实证了五千年文明。从东北的辽河流域到黄河、长江流域，特别是杭州良渚古城遗址以距今5300—4300年的历史，以夯土高台、合围城墙以及规模宏大的水利工程等史前遗迹的发现，系统实证了古国的概念和文明的诞生，使世人确信：这里是古代国家的起源，是重要的文明发祥地。我以前从来不发微博，发的第一篇微博，就是关于良渚古城遗址的内容，喜获很高的关注度。

我一直关注各地对文化遗产的保护情况。第一次去良渚遗址时，当时正在开展考古遗址保护规划的制订，遇到的最大难题是遗址区域内有很多乡镇企业和临时建筑，环境保护问题十分突出。后来再去良渚遗址，让我感到一次次震撼：那些“压”在遗址上面的单位和建筑物相继被迁移和清理，良渚遗址成为一座国家级考古遗址公园，成为让参观者流连忘返的地方，把深埋在地下的考古遗址用生动形象的“语言”展示出来，成为让普通观众能够看懂、让青少年学生也能喜欢上的中华文明圣地。当年杭州提出西湖申报世界文化遗产时，我认为这是一项需要付出极大努力才能完成的任务。西湖位于蓬勃发展的大城市核心区域，西湖的特色是“三面云山一面城”，三面云山内不能出现任何侵害西湖文化景观的新建筑，做得到吗？十年申遗路，杭州市付出了极大的努力，今天无论是漫步苏堤、白堤，还是荡舟西湖里，都看不到任何一座不和谐的建筑，杭州做到了，西湖成功了。伴随着西湖申报世界文化遗产，杭州城市发展也坚定不移地从“西湖时代”迈向了“钱塘江时代”，气势磅礴地建起了杭州新城。

从文化景观到历史街区，从文物古迹到地方民居，众多文化遗产都是形成一座城市记忆的历史物证，也是一座城市文化价值的体现。杭州为了把地方传统文化这个大概念，变成一个社会民众易于掌握的清晰认识，将这套丛书概括为城史文化、山水文化、遗迹文化、辞章文化、艺术文化、工艺文化、风俗文化、起居文化、名人文化和思想文化十个系列。尽管这种概括还有可以探讨的地方，但也可以看作是一种务实之举，使市民百姓对地域文化的理解，有一个清晰完整、好读好记的载体。

传统文化和文化传统不是一个概念。传统文化背后蕴含的那些精神价值，才是文化传统。文化传统需要经过学者的研究提炼，将具有传承意义的传统文化提炼成文化传统。杭州与丛书作者在创作方面作了种种古为今用、古今观照的探讨交流，还专门增加了“思想文化系列”，从杭州古代的商业理念、中医思想、教育观念、科技精神等方面，集中挖掘提炼产生于杭州古城历史中灵魂性的文化精粹。这样的安排，是对传统文化内容把握和传播方式的理性思考。

继承传统文化，有一个继承什么和怎样继承的问题。传统文化是百年乃至千年以前的历史遗存，这些遗存的价值，有的已经被现代社会抛弃，也有的需要在新的历史条件下适当转化，唯有把传统文化中这些永恒的基本价值继承下来，才能构成当代社会的文化基石和精神营养。这套丛书定位在“优秀传统文化”上，显然是注意到了这个问题的重要性。在尊重作者写作风格、梳理和讲好“杭州故事”的同时，通过系列专家组、文艺评论组、综合评审组和编辑部、编委会多层面研读，和作者虚心交流，努力去粗取精，古为今用，这种对文化建设工作的敬畏和温情，值得推崇。

人民群众才是传统文化的真正主人。百年以来，中华传统文化受到过几次大的冲击。弘扬优秀传统文化，需要文化人士投身其中，但唯有让大众乐于接受传统文化，文化人士的所有努力才有最终价值。有人说我爱讲“段子”，其实我是在讲故事，希望用生动的语言争取听众。今天我们更重要的使命，是把历史文化前世今生的故事讲给大家听，告诉人们古代文化与现实生活的关系。这套丛书为了达到“轻阅读、易传播”的效果，一改以文史专家为主作为写作团队的习惯做法，邀请省内外作家担任主创团队，组织文史专家、文艺评论家协助把关建言，用历史故事带出传统文化，以细腻的对话和情节蕴含文化传统，辅以音视频等其他传播方式，不失为让传统文化走进千家万户的有益尝试。

中华文化是建立于不同区域文化特质基础之上的。作为中国的文化古都，杭州文化传统中有很多中华文化的典型特征，例如，中国人的自然观主张“天人合一”，相信“人与天地万物为一体”。在古代杭州老百姓的认知里，由于生活在自然天成的山水美景中，由于风调雨顺带来了富庶江南，勤于劳作又使杭州人得以“有闲”，人们较早对自然生态有了独特的敬畏和珍爱的态度。他们爱惜自然之力，善于农作物轮作，注意让生产资料休养生息；珍惜生态之力，精于探索自然天成的生活方式，在烹饪、茶饮、中医、养生等方面做到了天人相通；怜惜劳作之力，长于边劳动，边休闲娱乐和进行民俗、艺术创作，做到生产和生活的和谐统一。如果说“天人合一”是古代思想家们的哲学信仰，那么“亲近山水，讲求品赏”，应该是古代杭州人的生动实践，并成为影响后世的生活理念。

再如，中华文化的另一个特点是不远征、不排外，这体现了它的包容性。儒学对佛学的包容态度也说明了这一点，对来自远方的思想能够宽容接纳。在我们国家的东西南北甚至是偏远地区，老百姓的好客和包容也司空见惯，对异风异俗有一种欣赏的态度。杭州自古以来气候温润、山水秀美的自然条件，以及交通便利、商贾云集的经济优势，使其成为一个人口流动频繁的城市。历史上经历的“永嘉之乱，衣冠南渡”，“安史之乱，流民南移”，特别是“靖康之变，宋廷南迁”，这三次北方人口大迁移，使杭州人对外来文化的包容度较高。自古以来，吴越文化、南宋文化和北方移民文化的浸润，特别是唐宋以后各地商人、各大商帮在杭州的聚集和活动，给杭州商业文化的发展提供了丰富营养，使杭州人既留恋杭州的好山好水，又能用一种相对超脱的眼光，关注和包容家乡之外的社会万象。这种古都文化，也代表了中华文化的包容性特征。

城市文化保护与城市对外开放并不矛盾，反而相辅相成。古今中外的城市，凡是能够吸引人们关注的，都得益于与其他文化的碰撞和交流。现代城市要在对外交往的发展中，进行长期和持久的文化再造，并在再造中创造新的文化。杭州这套丛书，在尽数杭州各色传统文化经典时，有心安排了“古代杭州与国内城市的交往”“古代杭州和国外城市的交往”两个选题，一个自古开放的城市形象，就在其中。

“杭州优秀传统文化丛书”团队在传统和现代的结合上，想了很多办法，做了很多努力。传统文化丛书要得到广大读者接受，不是件简单的事。我们已经走在现代化的路上，传统和现代的融合，不容易做好，需要扎扎实实地做，也需要非凡的创造力。因为，文化是城市功能的最高价值，也是城市功能的最终价值。从“功能城市”走向“文化城市”，就是这种质的飞跃的核心理念与终极目标。

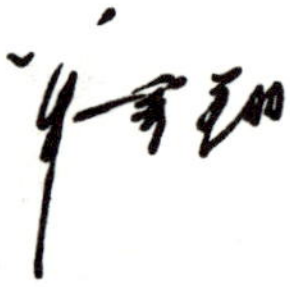

2020 年 9 月

（单霁翔，中国文物学会会长）

南屏烟雨图（局部）

目　录

引言

公元589年，“杭州”之名始现。杭州的建城史，可以追溯到五千年以前。从杭城北郊挖掘出的大批黑陶、石器和打磨精致的玉器等文物，以及良渚古城遗址的考证来看，这一片被称为“良渚文化”的地带，已是区域性早期国家的权力与信仰中心。

春秋时期，杭州处于吴、越两国的争霸之地，文化日趋繁荣。半山出土的战国水晶杯，更显示出了这一区域在战国时期已经具备了较高的文化与生活品质。

杭州州治，从初始的余杭县迁至钱唐县，依江近海（后为傍湖），又随着隋炀帝疏凿和拓宽江南运河，杭州成了运河南段最大的中转船埠所在地。水运交通的便捷，也促使杭城的商埠文化乘势发展。

本书着重讲述唐宋以后，尤其繁华南宋，一些具有杭州文化元素的代表性人物故事。以春夏秋冬的文学叙事架构，依托杭州的衣食住行、文化娱乐、闲适生活、精致城建，还原一个真实可信的杭州，让您直接感知这一座城市久远的历史底蕴。

本书引据史料翔实，展示微处见著，故事虚实相间，让您在轻松的悦读中，领悟到杭州这座品质之城与众不同的魅力。

开篇：六股清水

唐建中二年（781）九月，60 岁的李泌（字长源）从澧朗峡州团练使调来当杭州刺史，虽算平调，不过，从杭州那二十几年的战乱、旱灾连着台风海啸，再加瘟疫来看，调来了李泌，也算是朝廷对他的看重。是的，这看重中虽然也有一些“枝节”，但毕竟是看重。

若要说开去，就要说到 7 岁那年的李泌，因聪慧睿智，被玄宗皇帝召进宫去问答，深得皇帝欢喜。李泌成人后，玄宗赐他为翰林待诏，留在身边。后来的肃宗、代宗、德宗三代皇帝，对李泌也相当看好。

一介布衣能得此殊荣，朝中的佞臣大为不满了。“武大郎开店——不容大个儿”，虽然是后来的说法，但前朝历代也跑不出这辙儿。你不就是能人吗？权臣总撺掇着将李泌往外地调任。

1. 不能再吃苦水

这一日，李泌的船只扬帆顺水，来到杭州凤凰山柳浦渡口。一干人登岸雇了肩舆（轿子），往州治而来。这州治在凤凰山东麓，傍青山，瞰浙江（钱塘江）。再往东北看，近处一马平川，远处河水潺潺，长安人李泌暗暗说道：“这杭州城虽然不大，倒也是‘郡郭绕江渍，人家近白云’，不错！”

那时候，虽然没有明确文字记载，说杭州的北郊良渚是远古文明的发祥之地，但后来南宋的《咸淳临安志》，却有周赧王南巡建城池的记载。当年的李泌也应该知道，千余年之前的“周赧王城”，本是筑在一个更远古的文明之地上。这是一片文明的福荫之地啊！李泌踌躇满志，大有发扬光大之心。

一路上，挑水的人迎面而来，络绎不绝，有肩挑两桶健步如飞的壮汉，也有拎着一桶半桶踉跄行走的老弱之人。李泌对后面乘肩舆的顾况说：“看来杭州的百姓喝水都有品味，专挑山上的泉水。”

这顾况是苏州海盐（今属浙江嘉兴）人，李泌在地方为官，他是左右手，两人厚交久矣。顾况好诗歌，性格诙谐，对王公贵族常常加以白眼，对黎民百姓却恭敬有加。他笑说：“不会是杭州人好养生，担桶山泉外加活动活动手脚吧？”

那轿夫听了，没好气地说：“爷们，您真以为山下河渠的水能喝？那些都是海潮来时疏通潮水的河渠。要是你们在杭州住得久了，也会嫌河水苦咸煞了，只能到南面山上找一个泉潭，或者去西面钱唐湖（即西湖）挑水吃了。”

李泌问：“那河水为何苦咸？”轿夫见这外来的官人斯文有礼，就你一句我一句说开了。

原来，杭州的州治最初从余杭县迁来钱唐县时，州民散居在西面的山坞。当东面的江海冲积川越来越多，可行得路，可种得麻桑时，州民渐渐东迁来了，州治也迁到了凤凰山东麓的柳浦一带，傍了江水，船舟便利。眼下，平川渐广，已经有了几个聚居的坊。那坝头（即羊坝头），就是早先因拦潮佑坊留下的地名。

聚居平川，本是不错的选择，不过冲积川盐碱太重，没有可饮用的清水源。杭城东面这几条南北向的河渠，也是当初为了排泄潮汛之水开挖的，眼下貌似河水潺潺缓缓，却是酸涩难饮。

近山的，傍湖的，担两桶山泉、湖水也不算太难；住得略远的，就麻烦了，小半日的时辰得花在挑水路上。要说陆羽跑去双溪煮茶吃茶写《茶经》，大半也是看中了那地的一泓好泉。

李泌一听，明白了个大概。这杭州在本朝开元间就有户籍八万六千多，若按一户四口计，也有三十多万人。坊井坊井，要是没有一个好的聚清水之井，坊中再有安定的生活，也没有品质可言。

李泌问："哪为何不多挖几口井？"轿夫说："爷们，山上凿井，是有清洌好水，但也不是一凿一个准，得要找准泉眼；平川挖井，出水不难，但水都是苦咸的啊。"李泌说："敢问老哥，依你的看法，这杭城饮水的长久之计，如何的好？"轿夫说："能引水进坊，再好不过。只是山泉流小，湖水位低，总有两难。"

再难也应该有一个办法。李泌一上任，就和顾况骑了马，跑开了。他们先上凤凰山，又到吴山，再到龙山（玉皇山），跟了挑水人看泉眼。果真，每一泉眼处，都是大桶小勺的接水人。

大泉眼也有，那就是吴山南侧的郭璞井（郭婆井），几块相连的大青石板上，开有十个井眼。从高处看下去，一个黝深的水潭，映出十个蓝天白云的圆影。其他，如青衣泉、瑞石泉等，水流总是太小，挑水人等得都心焦。龙山倒也有几处大泉，却远了一点。

李泌和顾况又来到钱唐湖。那日，秋高气爽，湖面水天一色，茫茫苍苍。随从的本地仆役说："湖水从周边山上汇集而下，长年不断，到了大雨水涨，湖水会从北面的石函流去下湖。"李泌和顾况沿岸北走，到了石函处，心里也有了一个大概，转东进了钱唐门。

杭州的北城墙在不远的祖山南侧，现教场路方位，东城墙在里沙河（现中河）以西，南城墙穿州治而过，西城墙近钱唐湖，现湖滨路东侧。李泌和顾况进了城，走了几个坊间，引水的设想，说话间也就有了。

2. 井邑日富

要说引水途径：凤凰山、吴山最近，竹管从高到低也极方便，但水流太小，接济人家不多；郭璞井大倒是大，却太深，需要几架水车终日车水；龙山太远，引管架设也不易；钱唐湖是最好的引水处，要解决的是，从入水口到汲水处的引流落差。引流的距离越远，开挖的沟槽随着长度增加就要越深。到了汲水处，还要挖出一口深井聚水。

这日晚上，李泌和顾况喝了一点小酒，乘兴秉烛，画起图纸来。先是确定入水口：在钱唐湖东岸的开元寺附近（相当于后来的涌金门一带），挖第一个入水口。由此往北，沿着湖一直到石函的南侧，共挖六个入水口。再从入水口往东，挖六条沟槽，将水引到坊间的六个出

李泌开六井惠泽百姓

水池，也称“井”，供州民汲水。

顾况笑说：“长源兄，看来你真准备长做杭州人了。”李泌大笑：“为官一任，造福一方，杭州人喝水的大事不解决，州民怎么聚居？生活如何改善？”说这话，已是十月下旬。

李泌又说：“这事最好在腊月前完工，到了下雪结冰时，州民再也不需要上山担水，可以好好过一个称心的年了。顾兄，这也有你一份功劳，来日我也是要奏明圣上的。”顾况笑说：“看来我是跟定你长源兄了！”

次日，治所外贴出告示，大红官印下有六个汲水口的方位图。告示要求州民有好的方案尽管来提，并告之远近乡人，来日官府将派人收购三年以上的粗毛竹用于六个汲水口，以此来引水。即日，将按户籍抽丁，以工代赋，开挖引水沟槽。关于引水沟槽的砖石采办，也在当日派出了经办。

开工那日，六个入水口同时开挖，看热闹的州民围了里三层外三层。哪用什么监工督促？如此氛围，如此民心工程，出工者积极性倍儿高。初冬的早上，光膀子干的都有。围观的州民中，也有人欢喜地帮上一把。当日傍黑，按要求的两丈见方、四丈多深的入水口，已挖出了七八成。

次日，入水口完成挖掘。几天以后，六个入水口的内壁，打起了密排的木桩，木桩内的底部和四周砌上了砖石。朝向湖水的一面，又设置了提升式闸门，控制水流，便于今后入水口的淤泥疏浚。只有两个入水口因为挖得深，没有设置水闸的木螺旋提升式闸门。

引水沟槽也由钱唐湖往东，开挖了起来。虽然汲水口远近不一，但沟槽都要穿过城墙的底部，挖掘上百丈路。好在杭州是冲积土，质地松软，没几天，六尺开阔的六条沟槽，全挖成了。随着沟槽的长度拉长，倾斜度越来越明显，最终越来越深。李泌与顾况马不停蹄地来回检查、指导。

六个汲水井在州民聚居的坊间，也开始动工。这汲水井开挖也有讲究，深度要符合沟槽的落差，井底还不能涌出盐碱水。汲水井内，也是四壁先排木桩，再在内壁和底部砌上砖石。汲水井上的地面，砌一圈阶石。

六个汲水井的最南一口，是相国井，在后来的甘泉坊的北侧（现浣纱路中部），由此往北，分别是西井（又名化成井）、金牛池、方井（俗称四眼井）、白龟池、小方井（俗称六眼井）。“池”，相对于“井”来说，储水的范围肯定是更大了。

引水的竹管加工也在进行中。先是挑选粗细均匀的毛竹，两丈一根，“咯吱”锯断，再打通竹节。铺竹管的那天，李泌与顾况分头指导民工将竹管的小头绕上厚厚一层桐油麻纱，再插紧在砖石沟槽中的竹管大头上。民工知道这是防渗漏的一道紧要手段，干得相当仔细。

随着竹管一节一节延伸，引水的日子越来越近。当最后一天，竹管将入水口与汲水井连成一气时，全杭州城的人几乎都来到了引水现场。

入水口的湖底淤泥疏浚开始，当日一完工，民工就迫不及待地打开了闸门。一刹那，清冽的湖水决堤似的涌进了入水口。州民的欢呼声，唢呐锣鼓的吹打声，响成一片。这厢入水口的欢呼声还没完全息落，那汲水井处又传来了爆竹的声音。那是真正的爆竹声，一段段毛竹筒扔进火堆中迸发出的啪啪声。

位于杭州湖滨的唐李泌引水纪念标志

2015 年，在对杭州涌金街道紫城巷地块的发掘中，发现了南宋引水遗址

清水在汲水井中慢慢上涌，有人急不可待地打起水来，趴在桶上品尝了起来。在最南面的相国井边，开心的士民差一点将李泌簇拥着举上了头顶。

这是杭州划时代的大事，从此以后，绕着水井，坊间聚居的州民日益增多。后来的杭州知州苏轼说："自唐李泌始引湖水作六井，然后民足于水，井邑日富，百万生聚。"这就是对这一座品质之城初起的最好总结。

3. 春夏秋冬的守望

李泌在杭州两年零九个月，引水作六井的好事并没有在正史细载。《旧唐书》只是三个字："以理称"，说他在杭期间治理有方。《新唐书》是四个字："皆有风绩"，说他在杭期间政绩斐然。言简意赅的史书笔底，应该有李泌离杭的盛况：蜂拥的州民，打着万民伞聚集于柳浦渡口，看帆船渐渐远去。

长庆二年（822），新一任刺史白居易上任，其《钱塘湖石记》中，就有了喝上清水的杭州人，不忘李泌的文字。南宋的《乾道临安志》，也记载了白居易对六井管道的疏浚："复浚李泌六井，民赖其汲。"当时，土地的盐碱化问题已经减轻，但杭州人还是四季守望着李泌留下的水井。

到了北宋元祐五年（1090），李泌的六井再一次出现在杭州知州苏轼的文字中。这年的四月底五月初，短短几天，苏轼向朝廷呈报了《杭州乞度牒开西湖状》和《申三省起请开湖六条状》，明确提出有山有水的杭州，不能在本朝的手中，毁了李泌开创的品质之城。

"乞状"说了李泌六口汲水井的方位，也说了引水的竹管已在熙宁五年（1072）更换成了瓦筒。这些年来，唐时的刺史，吴越的钱王，宋朝的知州，虽然几经更迭，但对杭城生活品质的重视，使得盐卤已经趋于淡化，清冽西来的河水，在城内也增添了不少。

城市的扩建，也已汲取了宋初汴梁建都的经验，泥泞之患、火烛之忧、易生疫疾、寒暑之苦等弊处，都在城建中得以事先考虑：处处青石板路面，条条排水沟槽，并结合水运、通风和驱除盐碱条件，城市已经形成了纵横的水网。士民以坊而聚，临水而居，饮水的不易早已成了遥远的记忆。

赘言：

自从李泌开六井以后，杭城日趋繁荣。到了吴越建国，杭城作为都城，又有了外城包内城的“罗城”之势。朝天门、龙山门、竹车门、新门、南土门、北土门、盐桥门、西关门、北关门、宝德门等十大城门，更使得城垣安稳坚固，街坊富庶人和。

四季多花木，穷冬亦不凋。无论是短暂的兵燹还是一时的灾祸，因为有一方水土养出的一方人的执着底蕴，最终都能柳暗花明。以山水为城市内涵的品质提升，始终是杭州人的努力方向，也是一座城市春夏秋冬的永恒主题。

参考文献

1. 周峰主编：《隋唐名郡杭州》（修订版），浙江人民出版社，1997 年，第 16、163 页。

2.《旧唐书》，载上海书店编《二十五史》第 5 册，上海古籍出版社，1986 年，第 436、483 页。

3.《新唐书》，载上海书店编《二十五史》第 6 册，上海古籍出版社，1986 年，第 483 页。

4.〔宋〕潜说友：《咸淳临安志》卷十八《疆域三·余杭县》，文渊阁《四库全书》本。

5.〔宋〕吴自牧：《梦粱录》，浙江人民出版社，1984 年，第 162 页。

6.〔宋〕周淙：《乾道临安志》，载《南宋临安两志》，浙江人民出版社，1983 年，第 47 页。

7.〔宋〕苏轼：《东坡全集》卷五十七，《摛藻堂四库全书荟要（集部）》本，第 1、10 页。

8.〔明〕田汝成：《西湖游览志余》，浙江人民出版社，1985 年，第 8 页。

春天：故事中的城市和城市中的故事

南宋绍兴八年（1138），已经提升成临安府的杭州，被定为南宋京城。随着宋室南迁的北方士民大量到来，人口上了百万，杭州成了拥有十二个厢九十六个坊的大都市。市井的繁华旖旎，更是一番撩人风景。后人的话本，时人的沉浮，往往在这梦一样的城市中穿梭。

1. 白娘子的惊呼

话说南宋绍兴年间的某年清明，清河坊药店伙计许宣前往北山祭扫先人。出门时，也是打扮得光鲜：穿一双簇新鞋袜，着一身素色褐边的直裰，裹一方素白头巾，备一把八十四根骨子的紫竹柄好伞。

当清明时节雨纷纷时，许宣已祭完先人，正在孤山赏景。湿泥地中一双布鞋疾步，那非杭州人的斯文，许宣见湖埠头正好有一只带篷的游船，叫船公一声“老爹”，打了船“嘎吱”开划了。

也就在这时候，岸边柳树下突然出现俩女子，娇声喊道：“公公，搭船则个！”这是两个易让年轻男人心仪的俏丽女子。划船的张阿公征得许宣同意，又返回岸边接了。这一载，也就载出了一段流芳千年的韵事。

按《梦粱录》的说法，清明的前几日，官府早已拨款，将西湖四周的桥阁亭馆刷漆一新。杭州人清明上坟只是一个由头，踏青赏景才是本意。湖上彩舟画舫，款款小船中的游人，无论着装奢华还是俭朴，都自带了食盒果品。他们饮酒赏景，吟诗唱曲，不到"红霞映水，月挂柳梢"，是不肯返家的。

不过，这俩俏丽女子，和许宣一样，一无食盒，二无果篮。娇媚的一个着白绢衫儿，窈窕的一个穿青罗衣裳，发髻旁插一支精致雅洁的银钗，可能也是来祭拜亡人的。

白绢衫儿女子上得船，道声"万福"，本就相安无事地坐了，没料到船行时，她开口说了："不敢动问官人，高姓尊讳，家住何方？"许宣答道："在下许宣，住过军桥黑珠儿巷。"一问一答间，白绢衫儿女子也爽爽地说了自家住处："箭桥双茶坊巷口。"

许仙（许宣）游湖

箭桥是中河荐桥的另一种叫法，过军桥在中河南段，一个靠近崇新门，一个接近皇城。这本是依水而聚的宜居之城，虽不在同一坊间，却是共一城水流，说话间，两人关系又近了一层。

缠缠绵绵的春雨，落得竹笋出土，桃花争艳，男女之情也似春景，如何按捺得住。想必，张阿公唱上一段“西湖美景三月天哪，春雨如酒柳如烟哪，有缘千里来相会，无缘对面手难牵……”也是响响亮亮的。

更何况这四周青山，中涵绿水，金碧楼台相间，似着了色的画一般的山水都城，早让修炼百千年的两条大蛇喜形于色了。这要按青衣女子，也就是小青，后来对许宣的说法，那就是：“官人，是娘子爱你杭州人生得好啊！”

这话并非只说许宣长相可人，还指杭州景色宜人。当许宣和俩女子在涌金门外船埠头上岸，进了高大城门时，白娘子惊呼一声：“人间还有如此美丽的去处！”这源自后来几经改编的《白蛇传》，也有袁腾飞的发挥。

《西湖清趣图》，图中湖岸店铺林立

2. 橹橹通的浪漫

你看，涌金门直街那一片平如砥石的青石板路面，滴答的雨水下来，极快淌进了一边的窨井，地无积水，处处洁净。许宣那双黑面布鞋，还有俩女子的软底半靴，在直街的寮檐下行走，都没湿了鞋帮。青石板底下，有水声涓涓，那是排水暗沟。只要下的不是大雨，街上人几乎用不着油靴。

沿街店家的青石台阶，大宅的青石条台门，路边的石雕，以及每一座桥上的石饰，都透出久远的润泽。雨水滴答中，屋檐下的青石板也有水滴石穿的圆润小坑。这一些，似乎都在述说着一座城市的精致，人气十足。

最让双眼应接不暇的是街上的酒楼、食店和商铺的欢门彩扎，也就是门楼上缚满了五彩艳丽的装饰，还有一路的店家吆喝和路人济济。

那卖梅花酒的店家，为了招引客人，鼓了腮在吹唢呐，还有伙计敲着酒盅的。梅花酒不受官酒的管辖，属于饮料，很受市人喜欢。茶肆也是，门外支了架，放置奇松异柏、精美盆景招引行人。店中的伙计，更是托了漆盘，敲打响器，呼喊着“七宝擂茶点肚饿”“馓子葱茶去寒湿”。

白娘子和小青哪见过如此繁华凡间，她俩撑了伞，随着走在寮檐下的许宣，一路来到大街的坝头（羊坝头）。这一段街面更是市列珠玑，户盈罗绮，比来时的路上多了一分华丽。那饮食点心、花果时新、珠玉珍异，天下所无者，悉集于此。

当三人在坝头依依惜别时，已过晌午时分。许宣怕姐姐惦记，赶着要往南回，与白娘子约好隔日去箭桥双茶坊巷口的白家取伞。分手时，许宣与白娘子一步一回头，难分难舍。

冯梦龙的《白娘子永镇雷峰塔》，将这一段缠绵悱恻的爱和人妖莫测的悬，坐实到了杭州，这也说明大都市的“藏龙卧虎”和老冯对这座城市委实熟悉，让故事更多了草蛇灰线的想象。

不过，这时的清湖河，早接涌金水门，和城内河流条条相通了。雨中的许宣只要下得涌金桥头，叫一声桥洞下的船公，小篷船就会悠悠载了三人，去坝头，去箭桥，这是极方便的事。要是在雨中这么走，哪怕是平如砥石的青石板路，哪怕两位女子不是小脚，哪怕按后来张曼玉扮演的蛇精那般袅袅娜娜显摆着翘臀走路，总不是杭州人该有的品位。当然，顶架荷担为生计奔波的生意人除外。

你看《咸淳临安志》的《京城图》，从清湖河坐船经水路去箭桥，虽然没有走街穿巷那么便捷，但你只要不是去逛店购物，其实坐船更为悠然舒适。看来，冯梦

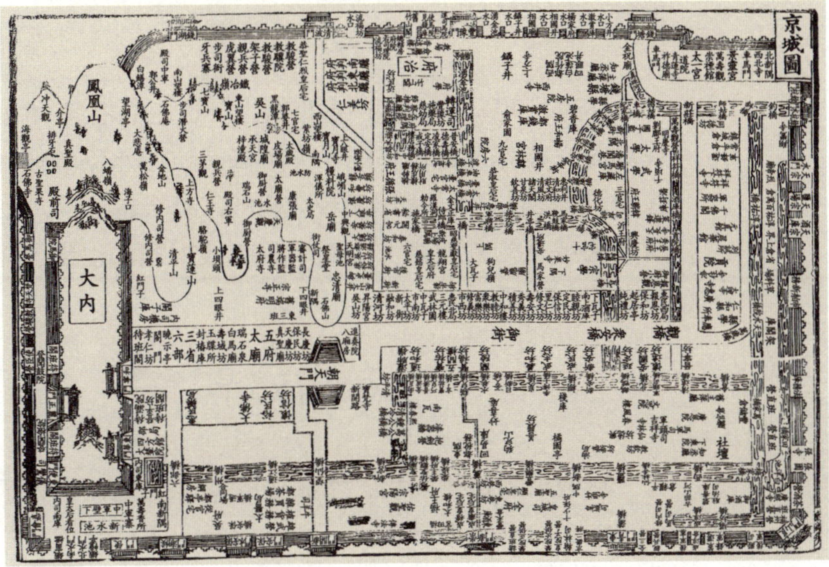

《咸淳临安志》中的《京城图》

龙对杭州还是不甚了解。

坐船还有坐船的乐趣，你看那沿途石桥淡青，木桥赤朱，舟过波漾，水碧鱼跃。那些廊檐石埠的后屋人家，有小女子在捣衣、淘洗。要是摇橹的汉子唱：“约情人，约定在花开时分……将近清明了，一个花蕊头儿也不见生。想去年花此际将开也，今年怎么这等迟得很。”这时候，捣衣小女子也会撩摇船人一身水的。

坐船，或许会让许宣和白娘子在两岸的顾盼间生出更多的春兴，那感情的发酵，情节的推进，更顺理成章。可惜，冯梦龙老先生没能用足这水城极美的天时地利。

是的，最初南来的官宦们，或许不会像白娘子那样对这座城市一见钟情。初来乍到，他们抱怨雨季的潮湿，抱怨青石板路面上车轱辘的颠簸。这种抱怨，《梦粱录》都记载了一二：“盖杭城皆石板街道，非泥沙比，车轮难行。”

不过，没多久，他们还是喜欢上了这座橹橹通的城市，毕竟北方能养得起马车的人家不多。杭城水路的便捷与悠适，随着时间的推移，不仅北来的人越来越喜爱，后来，就连皇帝赵构去建康（今南京）前线视察，也坐上稳稳当当的大船了。

3. 总算泊牢你了

赵构来到杭州以后，水流边的聚居之地，也有了极雅的坊名。高高的牌坊上，鹅鸭桥巷叫了“延定坊”，肉市巷叫了“融和坊”，剪刀股巷叫了“保信坊”，灯心巷叫了“同德坊”……这也是城市品质的提升，投刺（名片）时，也让官人们觉出居地的文雅，有品位。

白娘子住的双茶坊，原名双茶巷，也不俗。不过，等到许宣拿了白娘子从官库中“乾坤大转移”盗来的银锭，败了事，冯梦龙的笔下又出岔了：双茶坊中的堂皇白宅，居然“门外避藉陛（台阶上隔离物纵横交错），坡前却是垃圾，一条竹子横夹着”，成了多年无人住的凶宅。这是败笔，毕竟双茶坊是京城中的一条显贵巷子，不是僻郊。

不过，许宣拿了白娘子大银锭的描述，与这显贵巷子还是匹配的：白娘子听说许宣平日寄住姐姐家，挣的钱都交给了姐姐，极随意地叫小青给许宣一个五十两大银锭。许宣“藏在袖中，起身告回”。

许宣并没有对大银锭生出一丝疑问，受之不宠不惊，似乎杭州人的出手就应该如此阔绰。那冠巷店家所卖的锦绣罗帛、绸缎衣裳，在药店倌许宣眼里，似乎也是一般杭州人可以去消费的。许宣准备好好购置行头，光鲜一番。

因为大银锭上有官印，许宣在使用时被捕快识破，下了大狱。庭审后，许宣被判发配苏州牢城营。那日，许宣是在“东新桥下了航船”。东新桥是上塘河一处以桥命名的埠头，也是大运河进出杭州的水路要口。

许宣被发配时，头戴枷锁，双手受限是肯定的。但他毕竟坐的是“航船”，与北方的林冲发配相比，那走得双脚打泡，被恶役的水火棍逼得踉踉跄跄的苦，是免了。这就是一座城市无处不水的好处。再后来，许宣和白娘子的每一次不期而遇，都与这水路有关。

舟附岸曰“泊”。那年头，只要守住船埠，几乎就是守住了一个你想要等待的人。“泊”在杭州话中的这一份久远，就是优雅出行在记忆中的烙印。“总算泊牢你了”，现在的杭州人也有这么说的，但他们不会想到，很久以前，这“泊”中的闲适和久会。

《白蛇传》已是经久不衰的年画题材

许宣总算遇到孝宗登基而大赦，回到杭州。神机在握的白娘子，也在早几天寻到许宣的姐夫家了。蛇精的行路，也许是腾云驾雾，但在常人眼里，她们应该坐的是船，优哉游哉来到了许宣姐姐家的屋后船埠。

多优美恬静的一幅水城市井画面，要是端午节那日白娘子不喝要命的雄黄酒，要是没有好管闲事的法海和尚那个要命的钵盂泼刺刺吸进了白娘子与小青，后人肯定会说，白娘子会和许宣厮守着杭州这方美丽山水，过得半生好日子。

4. 外来举人眼中的夜街

也是绍兴年间的春天，从鄞县来京城杭州参加省试的张孝祥，一早乘坐转运司署的“一千料”船只，一路顺风。次日太阳西斜，他到了萧山西兴（今滨江西兴）。转船过得钱塘江，傍黑在白塔船埠登了岸。

那天是绍兴二十四年（1154）的三月初，当举人们走上岸时，茅山河的街上，栈房、酒楼、茶肆，正灯烛高照。正月已经过去一个月了，街上仍有外来杂耍卖艺的，还有打围的，人声鼎沸。

这一年，张孝祥23岁，他也曾来过杭州，晓得从白塔的龙山到湖墅的北新桥，哪怕不是正月，也是沿途束扎了灯具，人称“四十里灯光不绝”。不过，那些初来乍到的县邑之人，哪见过如此璀璨夜街，一时惊煞。领引人连连呼叫，不少人仍在愕然之中。

上得礼部安排的肩舆，沿了茅山河街的大红灯笼，一路前行。不久，来到兵丁簇立的嘉会门。城楼高大巍峨，雉堞间的灯笼，勾勒出画栋雕甍的绚彩。城门里外的道路，是銮驾能得以进出的五辂大道。“五辂”，指的是玉辂、金辂、象辂、革辂、木辂，这五种车舆作用不同，辕上用来挽车的横木宽度也不同。第一次来杭州的人，哪见过如此世面，看得呆若木鸡。

进得嘉会城门，肩舆继续北行，左拐，过六部桥，又右拐，到了和宁门外。这一段的灯火，更是炫目，明亮如同白昼。轿夫说：“大街到了。”张孝祥晓得，因为高宗赵构每年四次要去景灵宫行孟享之礼，那些得以瞻仰到“圣容”的士人庶民，也好将这大街称作“御街”“天街”。

肩舆到了大街的孝仁坊与登平坊一段，店家更多。店门前的大红灯笼，如同县城正月十五当天那样，肋排都是。店铺喧嚣，人头拥挤，南腔北调，声杂一片。

这也是京城临安最闹猛、精致的一段，不到三更梆子敲过，店家、摊铺是不会吹灯拔蜡的。皇城的内侍，也常被嫔妃们差遣到这些店铺中来挥洒一些银子。天下珍稀，在此几乎无所不有。连城内的士人，夜晚都到这一带来淘点奇珍异宝、山禽海味。现在的闹猛，还只是开始，轿夫几乎是在人群中行走。

外乡社火，仍在大街的坊巷口拉幕搭棚，打擂台似的互亮绝活。京城的人出手大方，看得高兴，当啷啷，扔的赏钱也多。突然，东面的人群一阵大呼，引得路人纷纷赶去，张孝祥的轿夫被冲得七荤八素。远远望去，那台上就不是弹三弦、吹横笛、裂帛大唱的班子，估计是一脑门劈碎了青石，或者是将人头生生变没了。

早在正月廿五那天，鄞县突然有过地动的感觉，听说，是京城地震。轿子进了朝天门（今鼓楼），张孝祥

杭州南宋御街原来是南宋临安城的中轴线，如今仍是热闹的商业街

特意抬头看那大石条砌成的拱券门洞，在灯笼的光亮中，石块拼接处没有一丝开裂。他又看大街两边的楼房，也没有一间倒塌。二楼窗棂透出的灯光，让人感到安然温馨。张孝祥暗暗道一声：“真是一块福地！”

肩舆过了中瓦（惠民北局南）、坝头（羊坝头）、官巷口、众安桥，一路无居不店，熙熙攘攘，偶然也能看到南番诸国和西域打扮的汉子。早春的晚上，有一点寒冷，越往北，店铺越没了和宁门外的热闹。倒是顶盘担架卖吃食的，仍在走街串巷，叫卖声也不减大街南段响亮。

张孝祥看到众安桥东堍一户住家，有一汉子掀开棉门帘，透出明晃晃的大蜡烛光亮来。在鄞县，也只有大户人家，才如此阔气地点得大蜡烛，平常人家，都是用的油灯。只见那汉子在门帘下呼一声：“买馓子慈茶！”张孝祥的前杠轿夫笑说：“那厮正捏着一手好纸牌，着忙得很哩。”

轿夫是绍兴府口音，张孝祥会意一笑，说声：“杭州人端的自在。”他晓得，馓子慈茶是一种撒有油炸面食，用慈竹叶熬的稠糊。这热乎乎的一碗喝进肚皮，那真是寒夜中的享受。这么一想，两天没有进热食的张孝祥，也肚饥了起来。

肩舆过观桥，进了贡院边的一条巷子。这一带是诸路应试者的下榻处，若不按每一应试者带一名仆人计算，秋闱大考，也有近万人入住。高档的栈房，有晨华馆、元真馆，略低的有应奉所，就连新庄桥大街对面的学舍，也可以入住。

当然，参加省试的人是比参加秋闱的人来得少一点，省试费用是官家买的单。应试者按“尽赴院，排日引试”的前期安排，由运司署与礼部安排，心安理得地住了下来。

5. 人才荟萃

右仆射、同中书门下平章事兼枢密使秦桧，这个几乎把持了三省（尚书省、中书省、门下省）外加军事权的宰相，这几天也在为省试着忙。某日，他将直秘阁主管杨倓请到了秦府，秦府就在望仙桥直街西首。

那一日，杨倓被引入一德格天阁，这也是秦府接待来客的上等之厅。正堂上方“一德格天”匾额，是相府落成那日高宗赵构亲笔赐题。杨倓落了座，秦桧并未及时出见，仆人倒是先上了茶。主人不出来，仆人先上茶，杨倓觉得有点不安。

座旁也无一书可供消遣，只有茶几上有几张写了文字的纸张。杨倓一看，是程氏理学的策论见解。闲着也是闲着，他翻来覆去读了好几遍，之后仆人才进来，说今日秦相在大内被圣上召见，一时回不来了。杨倓只得离座，怏怏而归。

也就没几日，高宗找了杨倓，要他和直秘阁的杨偰特各拟一份殿试策论题，这时的杨倓才明白，秦桧要他去府邸的用意。秦桧的孙子秦埙，也要参加此次省试，那明明白白的策论题和权势滔天的威慑，杨倓是瞎子吃汤团——心中有数。

这时的秦桧，也已奏明高宗赵构，拟定礼部侍郎汤思退、中书省右正言郑仲熊“知贡举”，负责省试与殿试事宜。其他参与监试和审卷的参详官，也都是秦桧圈子里的人，不管高宗采用杨倓或者杨偰特拟定的策论题，殿试第一的状元都跑不出秦桧掌心。

果真，省试的第一名，毫无悬疑是秦埙，张孝祥名列第二。只有一名之差的张孝祥忐忑不安，他早就听说，那个诗文俱佳的陆游，因为锁厅试时考试的名次在秦埙之上，秦桧一发怒，主考官陈之茂被免了职，陆游在这次省试榜单上连名字都没了。张孝祥怕在殿试时重蹈陆游的后尘。

殿试的日子终于到了，三月二十二日，四更刚敲过，三百五十六名进士（宋代省一级解试录取的称贡士，礼部省试录取的称进士，明清时有所变化），乘了三百五十六顶肩舆，轿杠挂了灯笼，在青石板大街上“嚓嚓”南行。

过朝天门时，敲铁板木鱼儿的报晓人，正开始每日的天气预报：“天色晴明！”今日天气不错，大街的早市也已开始，和仅仅一个多时辰前结束的夜市相比，早市上尽是热气腾腾的吃食，伙计在门首百般招徕。

来上朝的官员乘坐着大轿，官越大，轿杠挂的灯笼越多。不少大轿停在六部桥旁丁香馄饨店外，这家的馄饨远近闻名，跟差叫上一碗，官员就在轿中吃了。这些官员大多住得较远，早餐尚未落肚。停在药局门口的大轿，往往是晚上耗精坏神的官员，喝一碗二陈汤安养提神。

没来得及漱洗的，也有在香水行门口“小洗面”的。“小洗面”与“大洗面”不同，“一易汤，用二人”，擦个脸，清个眼屎，掏个耳朵，“靧（huì）面而已”。“大洗面”要“三易汤，用五人，肩颈及焉”。这大洗的讲究，就不适应早晨了。

有的官员，哪怕在家中已经洗漱过了，认得的同僚一招呼，再“小洗面”一把也有。末了，擦上护肤品，左三圈右三圈地按摩，摩挲得脸上有光，上朝也显得精神。

进士们的肩舆和官员们的不一样，没有从和宁门进入皇城。他们往东一拐，走东华门。在一脸神气的禁卫前，进士们下了轿，逐个检了身。又在内侍引导下，徒步前行到集英殿廊庑，伫立等候。

在一声唱喏声中，进士们分桌坐定，主考官宣读了“师友渊源”的策论题名，众人悄然研墨提笔，疾书了起来。也就两个时辰，就有起身交卷的人。又是两个时辰，在有条不紊地封卷头、誊抄、初阅、复阅以后，依次高声传胪唱名，策论第一名又是秦埙。

最终由高宗赵构定夺殿试“三魁”，进士们也都在文德殿的轩下，山呼了万岁，垂手站立。赵构临轩，亲睹了各位进士的英姿。内侍依次唱名，向高宗递上前三名的策论。按序第一份是秦埙的。大内侍转手展开，递上。对于秦埙的策论，赵构读了一半就不爽了，这内容几乎是秦桧反复和他说的那些东西。

秦桧这厮，近来连上朝都得差人搀扶，寿限是“冬至不出年外”了。前几天，秦桧的心腹又向赵构进言，建议秦桧的儿子秦熺进朝廷核心。这不得不让赵构想起了检校太傅张浚的告诫：“秦桧势力，就像是养在您圣上脑中的大痈，终有一天，要害了赵家天下。”赵构也明白，十二年前，自己在岳飞这事上做得过分，确实让秦桧乘虚而入，抓了权柄。

赵构绝对不能再让秦桧的“暗箱操作”得逞，选拔中兴之才，靠的还是公正。赵构看了张孝祥的策论，极有新意。这张孝祥虽然在温柔水乡鄞县出生，但字里行间却透出铿锵激昂。赵构圈定一甲三名赐进士及第时，张孝祥为一甲第一名——状元。

赵构还是给了庭下的秦桧一点面子，圈了秦埙为一甲第三名——探花。除了一甲第二名——榜眼，其他三百五十三名进士，有二甲若干赐进士出身的，也有三甲赐同进士出身的。

张孝祥刚结交的吉州吉水（今属江西）人杨万里，平江府吴县（今江苏苏州）人范成大，松江华亭（今属上海）人钱良臣，都是赐进士出身。赴宴时，四人逐一作揖，互贺了“天子门生”的喜。这京城杭州，本是一个海纳百川的都市，这一次省试又多了诸路名儒。

按往年规矩，殿试后的进士都要有一个“见习期”，通过后才举荐使用。赵构破例授予张孝祥“承事郎”衔，以及“签书镇东军节度判官”一职，也算给秦桧拍了一块砖头。

6. 孟享中的街市

张孝祥万万没有想到，七月的孟享之礼日，他惹上大麻烦了。

孟享，是每季第一个月的孟月，御驾去杭城余杭门（后称“武林门”）内景灵宫，向北遥祭列祖列宗的大型活动，也是不忘沦陷地的一种励志仪式。这一日五更二点，张孝祥就已经站立在孟享队伍的倒数第二方队，也就是“从驾臣僚东班”中了。断后的方队，是“约拦”侍从。

东方亮出鱼肚白时，从打头的执金莲烛炬和绛烛灯笼的引从舍人走出和宁门起，到张孝祥的臣僚东班步出大街，坐上便轿，上万人的队伍足足用了一个半时辰。

大街上沙沙有声，那是早一天就已经铺撒的潮沙被踩后发出的声音。陆游《老学庵笔记》将这样的铺沙路称为“黄道”，说是高宗在绍兴初年的时候，厉行俭朴，以江沙铺路，而不是从遥远的北面山上运来代表显赫的黄土。

其实，这一种由“三衙”禁军突击完成的黄沙路，是让銮舆的车轱辘减少一些在青石板上的颠簸，也是对大街路面的保护。无处不在的青石板，虽然成就了杭城每一条坊巷街市的如砥坦然，但对于车轱辘外仅仅包裹了一层厚牛皮的御驾来说，“车轮辘辘”也不是什么舒适的形容词。

大街上由楼店务管辖的出租房，早在三天前已将租客安排在他处了。那些“近水楼台先得月”的本地住家，穿正装，束腰带，提前站立门外恭谨静候。坊巷中的人家，没这种幸运，他们全被殿前步军三司的“摆踶”兵丁阻拦在每一条坊巷口，哪怕伸长脖子，也只能看一点黑压压的人头。

沿街楼上的廊檐，绝不允许人袒衣观看，袒衣宽袍容易露出开裆底裤。这是唐宋以来的士庶装束，无可非议。但在热得都不想多穿一件衣衫的七月，哪怕不是御驾经过，短衫衩袒的人也是不能登高站立的，这至少体现出一个城市的文明。

坝头（羊坝头）的店铺，像往日一样，早早落下了排门。但孟享的队伍不走完，生意做不来，伙计们只能规规矩矩地站立在门首。书画裱褙、金银头饰、绒线花朵、胭脂胡粉、服饰花作，杭城的品牌店大多在这一路。但牌子再响亮，这一天也只能做得小半日生意。

前几天，张孝祥为了夏日的穿戴行头，也来逛过这里。这些前铺后坊的服饰店，集中了锦绣罗帛制作的工艺之最。镶金衣裙，描画领抹，绣有飞鸾走凤的罗帕，头冠簪饰……这里几乎就是南宋能工巧匠之作的集中之地。杭州人说某物的润滑细腻，好以一个“绨”字，其实，说的就是像锦缎一样的光滑手感。这说法最初就出在坝头到官巷一段。

官巷，是“冠巷”的误读。早在南宋之前，“东南第一州”的杭城，这一带就以冠店盛名。店家不仅仅卖一些形似莲花、玉玺等男子的束发冠，凡是头上“文章”，如幞头、帻子、纶巾、圆笠，还有北方风帽、狸毛翻帽、匈奴帽等，都一一齐备。唯一不卖的，是官帽，那是由文思院工场特供的。

女子包髻，也是冠巷特色，那店小二拿一匹绸帛，

南宋时期的官巷遗址
位于南宋御街西侧

一剪一缝，一折一叠，都能变出不少花样。要是绣花织锦的绢巾，变着法子束起发来，再佩上七宝珠翠，那就头顶生花了。你看沿街的女人，几乎就是在进行一场发髻的展示，衬托出她们的妩媚姣好，粉白桃红。当然，抹了南洋润白胡粉的缘由也有。你再细看，她们人人柳叶细眉，那是在原本的粗眉除净后勾画出的。京城杭州的这种时尚崇美，外邑很难看到。

孟享的队伍到了景灵宫，张孝祥等官员只是在宫外向北作了遥拜，随后就去了大校场，观看各色庆典活动。就在这时候，张孝祥遇见冤家对头户部侍郎曹泳了。

称“冤家对头”，也是殿试那天，曹泳向张孝祥提出过以女儿相许。他没料到，张孝祥只是深深回揖，并无应允。曹泳在大校场一见张孝祥，先开了口：“张状元的鞋子不错啊！”这日，张孝祥穿的是一双棕织蒲鞋，他佯装在看霍山（今弥陀山）上的五色烟火，惊呼一声“人间哪来如此盛况”，似乎回答了曹泳。

曹泳本是黄岩一个主管酒税的税监，秦桧没发达时，做塾师的曹泳帮助过秦桧。这秦桧虽是奸臣，倒也是有恩记恩，有仇必报。后来曹泳被任命为户部侍郎兼临安知府，全出于秦桧的栽培。

在张孝祥身上碰了两鼻子灰的曹泳，怨堵气塞，他决定要给张孝祥一点颜色看看。

7. 生出振作的春风

这晚，张孝祥想起景灵宫的中兴碑，难以入睡。他秉烛研墨，写《读中兴碑》一诗，其中“朔方天子神为谋，三郎归来长庆楼。楼前拜舞作奇祟，中兴之功不赎罪。日光玉洁十丈碑，蛟龙蟠拏与天齐。北望神皋双泪落，只今何人老文学”，似乎就是他身上那股不忘“靖康耻”的热血，在笔端流出。

曹泳的报复，也在酝酿。正好，张孝祥的父亲张祁和主战派的徽猷阁直学士胡寅关系不错，曹泳先是暗示言官诬陷张祁不满议和，又说两人有谋反企图，进而将张孝祥为岳飞叫屈一事也牵连了。张氏父子很快被拘，进了大理寺。

好在这年（绍兴二十五年，1155 年）十月，秦桧呜呼。按《建炎以来系年要录》记载，秦桧是死在“丙申”这天晚上，也就第二天（丁酉），曹泳就被勒令罢官，贬逐去了新州（今广东新兴）。这时，高宗赵构脑子里进的水，也沥得差不多了。

张氏父子冤情昭雪，张孝祥任了秘书省正字。秘书省在天井坊天井巷，隔了巷子，西侧是张俊的循王府。

绍兴初年，按“中兴”要求，官署的修葺要比学校的简陋，但这时的秘书省，比隔壁循王府却要气派多了，仅书库就有五六十间。

这正是二月十五花朝节即将到来之时，大街小巷，到处是花。秘书省大院内，也像往年一样，点缀了各色盆花。牡丹、芍药、棣棠，都是城西马塍路花圃那个绰号叫“橐驼”的养花专业户，按常规送来的。

今年最让秘书省亮眼的，是南洋番国进贡来的胡姬花（洋兰），几片花瓣红如火鸟，蕊如鸟喙，仅仅两株，就开得满庭生辉。那一串串如同倒挂的红金元宝花，在垂柳似的枝条上，有滚滚财源之相。往年，马塍花圃也有“发非时之品”的，譬如反季的荷花、睡莲，但今年的胡姬花，却使那些“非时之品”黯然失色。

巷子中也多了卖花声，吆喝极符律吕，让人词兴大发：“人过天街，晓色担头红紫。满筠筐、浮花浪蕊。画楼睡醒，正眼横秋水。听新腔、一回催起。　吟红叫白，报得蜂儿知未。隔东西、余音软美。迎门争买，早斜簪云髻，助春娇、粉香帘底。”

这说的是一早的卖花吆喝，传入刚睡醒的“正眼横秋水”的娇娘耳中。一听是个“新腔”，娇娘顿时起了精神。“吟红叫白，报得蜂儿知未”，多少有点艳词味道，但她要使女赶紧下楼，购买一朵插在发髻，写得真切。“助春娇、粉香帘底”，倒也让张孝祥想起这一个溢满馨香的春日，他应该去会会相好婉儿。

〔宋〕佚名《篮花图》中的胡姬花，花瓣红如火鸟，蕊如鸟喙

张孝祥下班出得秘书省，没有急于回去廨舍，也就是集体宿舍。他着一顶白色软巾幞头，穿一袭米色襕衫，悠悠然往西走。过循王府那高挑的门楼，折北走了楼店务桥的东塊，沿清湖河东岸向北走去。

这一路，夹柳夹桃，多河埠，有撩裙于水边洗涤蚕丝的女子。到了三桥大街西首，晚市初起，正是挑担顶盘的吆喝四起的时候。卖花人挽一只颇大的马头竹篮，满篮是成束的鲜花。也有挑担的，那筐内有剑似的辟邪菖蒲，火红的象征多子多福的石榴花，还有多彩的蜀葵花，好似佛桑花，宜供菩萨。最撩人的是栀子花，隔了好远就能嗅到清香。

买花人也是满面春风。大户人家买去，用瓷瓶摆放堂中；浅屋庶民买了，用坛罐插了，摆放案桌。《西湖老人繁胜录》载："盖乡土风俗如此"，杭城一个春季要卖出"一万贯花钱不啻"。一枝花为一文钱，一千文钱为一贯。不过，要是按西湖老人的说法，钱塘百万人家，一家一季买一百文钱的花，就远远不止万贯的数了。这城市的生活品质，真是没话说了。

路上的妇人，有发髻上插一朵茉莉花的，这也是"非

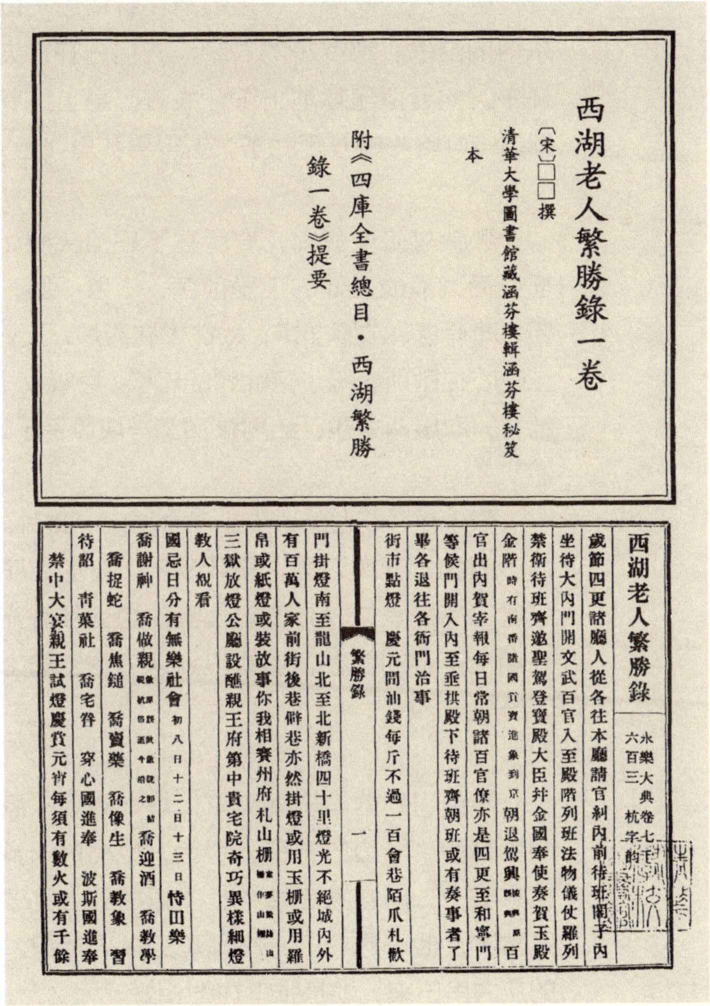

西湖老人繁勝錄一卷

（宋）□□撰

清華大學圖書館藏涵芬樓輯涵芬樓秘笈本

附《四庫全書總目·西湖繁勝錄一卷》提要

西湖老人繁勝錄

永樂大典卷七千六百三 杭字韵

歲節四更諸廳人從各往本廳請官糾內前待班閤子內坐待大內門開文武百官入至殿階列班法物儀仗羅列禁衛待班齊邀聖駕登寶殿大臣并金國奉使奏賀玉殿金階（時有南番諸國貢寶進象到京）朝退駕興（[illegible]）百官出內賀宰報每日常朝諸百官僚亦是四更至和寧門等候門開入內至垂拱殿下待班齊朝班或有奏事者了畢各退往各衙門治事

街市點燈　慶元間油錢每斤不過一百會巷陌爪札歡門掛燈南至龍山北至北新橋四十里燈光不絕城內外有百萬人家前街後巷僻巷亦然掛燈或用玉栅或用羅帛或紙燈或裝故事你我相賽州府札山棚（[illegible]）三獄放燈公廳設醮親王府第中貴宅院奇巧異樣細燈教人觀看

國忌日分有無樂社會（初八日十二日十三日）恃田樂

𧑐謝神　𧑐做親　𧑐迎酒　𧑐教學

𧑐捉蛇　𧑐焦鎚　𧑐賣藥　𧑐像生　𧑐教象　習待詔　青菓社　𧑐宅眷　穿心國進奉　波斯國進奉

禁中大宴親王試燈慶賞元宵每須有數火或有千餘

繁勝錄　一

《西湖老人繁胜录》书影

应时品"的反季花朵，一种身份的显耀，卖得极抢手。

走街叫卖中有一位磨铜镜的短衫女子，罗帛束发，脸色端庄。她左手擎一面锃亮的铜镜作幌子，右手握一块磨石。她的右腋，偎一个夹伞的男孩，边走边不时喊一声"磨镜啰"。在这个百业俱兴的都城，妇人也是可以有一样对生活充满憧憬的立足手艺的。这让厄运过后的张孝祥，比春天的到来更多了一份欣慰。

男孩一边吆喝，一边眼睛在看路边一位挂了十几件乐器的汉子。那汉子的右手，五指分开，夹了三根打击杆子。他看似随意地上下一拨打，身上挂着的十几种乐器就叮叮咚咚响开了曲子，逗得男孩眉飞色舞。

那头过来一货郎，右手捏了扁担头避让来人，左手摇一面拨浪鼓。他的担子前筐，上置一匾，有方糕、粢团、薄荷膏、羊脂韭饼；后筐中有炭炉，上置一只平锅，正吱吱在微煎着缀了猪油膘的年糕。磨镜女子道一声"万福"，取出两文钱，给男孩买了一块热乎乎的糕团。

张孝祥一路悠悠，步出涌金城门。此时，夜色将临，浩渺西湖，春风习习，柳叶飘拂。舟船靠了埠头，有的船客正离舟登岸，有的船公刚点燃大红灯笼，招呼着要去湖上夜游的船客。那些已经远去的船舫上，悠悠传来了箫鼓声。

涌金门外的丰乐楼酒家，灯烛辉煌，酒旗在杆上泼剌剌飘动。一边的香车、轿舆，也比白天多出了几成。在京城十二座官家酒楼中，丰乐楼算上品了。张孝祥也是常客，他一进花门，小厮马上入内通报，一位叫婉儿的从内里出来，她是张孝祥的相好。

婉儿着一袭贴身褙子，尽显窈窕。宋律规定，官家酒店伎人，只献艺陪酒，不得委身，有一点“劝君更尽一杯酒”的意思。张孝祥随了婉儿上得三楼，挑一处僻静的临窗桌几坐了，观起了西湖。这正是朔日，天已渐黑，没有月亮，繁星渐起。湖面上的船儿，也似星星，远远近近闪烁着灯光。春风开始微凉了起来，张孝祥感慨起了锦绣山水中自己的不作为。

婉儿端来了银酒壶、银酒盅，斟出了张孝祥钟爱的“玉练槌”。四色银碟也随即上来，墨绿的巴榄子、黄褐的冻三鲜，还有紫李与红玛瑙饧。这玛瑙饧是窖藏的山西大石榴籽浇了上好蜂蜜做成的。四银盘热菜也端上了，羊米脯、焙鹌子、三和花桃骨，还有张孝祥最爱的石首鳝生。

石首鳝生，以黄鱼和鳝鱼的薄片泡制，片片脆生，在烛光与银盘的辉映下，黄白分明。婉儿晓得张孝祥近来心情，说一声“慢用”，就在一边弹起了九弦琴，随曲悠悠地吟唱起了“竹舆晓入青阳，细风凉月天如洗……”

〔宋〕赵佶《文会图》中各种美食

这是张孝祥依“水龙吟”填的词，在丰乐楼上，婉儿也吟唱过几次。

两壶酒落肚，张孝祥来了词兴，高声说：“拿笔来！”婉儿赶紧在一边的桌上铺纸研墨，一首《鹧鸪天·春情》在张孝祥的笔尖走蛇似的出来了：

> 日日青楼醉梦中，不知楼外已春浓。杏花未遇疏疏雨，杨柳初摇短短风。　扶画鹢，跃花骢，涌金门外小楼东。行行又入笙歌里，人在珠帘第几重？

画鹢是船，花骢是马，扬帆北征，跃马横空。张孝祥随着婉儿的琴声，依“鹧鸪天”的曲词吟唱了起来，悲怆铿锵。突然，一人踏上了楼梯，大声说道：“‘扶画鹢，跃花骢’，承事郎，你将豪放词都写成婉约一派了，还是没忘了骑马上疆场啊！”

说话的是同榜进士杨万里，张孝祥赶紧说：“廷秀兄，入座入座。婉儿，再来两壶玉练槌！”

杨万里，比张孝祥大5岁，头戴淡蓝色折巾，着一身湖蓝色的东坡道衣。他看了眼桌上的下酒菜，直直地说：“承事郎无趣，怎么没有一碟应时的春笋？”张孝祥笑说：“要笋？无妨，廷秀兄，你先来写上几笔方可。”

杨万里是个吃客，见婉儿又铺一纸，细细碾磨，他略作思考，提笔挥去：“锦纹犹带落花泥，不论烧煮两皆奇。……”

“廷秀兄，这杭州的风物，倒让你写得分分明明了。”张孝祥叫一声，转头又对婉儿道，“婉儿，叫厨下好端端整一份抹肉笋签上来！”

杨万里笑道：“不妨再来一份酿笋，那才是杭州本味！”酿笋，是用清酒浸泡过的壮实乌头笋，清蒸，不放一丝佐料，端的是杭州人清淡不攀的本色。

赘言：

南宋杭城，繁华一时，“冠盖纵横至，车骑四方来”。后期的话本小说，往往以此生出故事，譬如冯梦龙的“三言”中，就有《卖油郎独占花魁》《崔待诏生死冤家》《白娘子永镇雷峰塔》等多篇。

本章借此为引，以春天为始，用话本人物许宣与历史人物张孝祥作由，虚实相间，写出一段，定型后来杭城八百年的初时盛况，还原河水纵横、傍水而居、以水出行的市井生活，以及在这座品质生活之城中，人们对正义和真善美的向往与追求所形成的文化沉淀。

参考文献

1.〔宋〕吴自牧：《梦粱录》，浙江人民出版社，1984年，第9、11、15、113、115、140、145页。

2.〔宋〕西湖老人：《西湖老人繁胜录》，载《南宋古迹考（外四种）》，浙江人民出版社，1983年，第106—107页。

3.〔宋〕灌圃耐得翁：《都城纪胜》，载《南宋古迹考（外四种）》，浙江人民出版社，1983年，第82—83页。

4.〔宋〕四水潜夫：《武林旧事》，浙江人民出版社，1984年，第2页。

5.〔明〕冯梦龙：《白娘子永镇雷峰塔》，载《警世通言》，上海古籍出版社，1982年，第273页。

6.〔明〕田汝成：《西湖游览志余》，浙江人民出版社，1985年，第85、317页。

7.梁思成：《宋、辽、金建筑特征之分析》，载《中国建筑史》，1954年讲义稿（电子稿）。

8.〔宋〕李心传：《建炎以来系年要录》卷一百六十六，文海出版社，1980年，第97页；同书卷一百六十九，第53页。

9.傅伯星：《大宋衣冠——图说宋人服饰》，上海古籍出版社，2016年，第104—105页。

10.〔宋〕张孝祥：《于湖词》，聂世美点校，上海古籍出版社，1988年，第106页。

11.〔宋〕杨万里：《诚斋集》卷一，《摛藻堂四库全书荟要（集部）》本，第65页；同书卷六，第46页。

12.《宋史（下）》，载上海书店编《二十五史》第8册，上海古籍出版社，1986年，第1347、1555页。

夏天：酷暑中的妙不可言

南宋淳熙六年（1179）夏天，常州知州杨万里调任广东之前，来吏部办理叙迁事务。当年的交好范成大，虽然一直在京为官，去年却被言官举报“超躐（越级升迁”，罢了吏部郎官的职，“奉祠”了。

那年头被“奉祠”的官员有不少，但哪来那么多的祠观需要管理？无非在家“待业”，静坐思过。不过，这种拿了俸禄的“待业”，也成就了一些官宦士人对文学、学术的研习，范成大也属这类。

正是大热的日子，杨万里的来访让五十出头的范成大十分开心，两人忍不住想宽衣解带喝上几杯。范成大说：“廷秀兄，还是明日晚上，我尽地主之谊，邀你湖上泛舟小酌吧。”

1. 西湖夜酒

这日，落霞刚尽，炎热稍退。杨万里着一身淡茶色斜领交裾的宽松道衣，在透出烘烘热气的青石板直街上，悠步出了钱塘门。绍兴二十四年（1154）后的那些夏日，杨万里和张孝祥、范成大、钱良臣，是常来湖边泛舟小酌的。

这时候的钱塘门外，昭庆寺旁，鳞次栉比的夜生意浮棚已经搭起。士人早就在此占了座席，开始吃凉茶饮冰水，坐等月亮升空，迎着湖风乘凉了。

往日满湖的舫船，这时屏障似的停在堤岸边的杨柳树下。舫船中的男人，大多披襟散发，半卧纳凉，独酌狂歌、携妾弹唱、围棋对弈、握竿垂钓的都有。荷叶重重，馨香悠悠，瓜果篮网和装酒水的葫芦、韩瓶（以韩世忠部行军的装水陶瓶命名）浮在一旁水中。

这几乎是杭人夏日生活的一部分，杨万里好生羡慕。他在那株虬曲的大柳树根边，看见头戴白色软巾幞头，身穿米色交叉襕衫，候在船上的范成大了。范的侍妾，着一身淡雅芙蓉图的蛋清色薄绸长褙，尽显窈窕曼妙。她的身边，有一张七弦琴，半露出锦袋。

小厮赶紧从食盒中拿出杯盏，一一放好。沉香藕、红莲、紫李、橄榄，都是应时果品。樱桃、青梅、鸭梨片、水菱肉，都是冰镇的。香药木瓜条、梅肉饼儿、姜豉、山乌李等咸酸干果，错落其间。那泡在湖中的葫芦，装的是丰乐楼的玉练槌酒。

范的侍妾弹奏的第一首是《清波引》，杨万里与范成大就着小曲，喝得极爽。酒一喝多，血脉偾张，就无所谓暑热了。不知不觉，圆月当空，俩人直喝得想光膀子披一件蓑衣，装一回夜里的钓鱼翁。酒酣中，杨万里吟新作《月下果饮》一首：

恰则天方暮，如何月正中。
一年无此热，今夕绝无风。

早藕凝松雪，新菱剥酽红。
醉乡堪避暑，只合著衰翁。

几瓶玉练槌落肚，杨万里又咏：

酒边无物伴长瓶，一颗新莲一段冰。
月下不风终是爽，烛光何罪也堪憎。

这时候，两人醉眼蒙胧，放眼望去，湖面涟漪映了月光，虽然没有一丝风，倒也让醉酒人觉出凉来。“堪憎”的是那远远近近、星星点点的灯笼、蜡烛，总让人有热的烦躁。范成大听到诗作哈哈大笑，赶紧要小厮吹灭了自家灯烛。

船儿在水上任意漂泛，小厮不时轻划桨儿，偶尔有微风吹来。杨万里又吟诗一首：

一年遇暑一番愁，六月梢时七月头。
今夕追凉还得热，何时遇夏却逢秋。

范成大的侍妾抿了几口酒，嘈嘈地又弹起了《水调歌头》，莺声嘀啭，吟唱了苏轼的“明月几时有”。杨万里、范成大也随之放歌起来。

渐渐夜深，杨万里、范成大等才和衣半卧，酣睡了。这时，整个湖面依然星火点点。玉练槌是生酒，后劲不小。杨万里和范成大直卧到次日天色放亮，才醺醺然起身回城。

2. 吃客的天堂

杨万里《生酒歌》说：“生酒清于雪，煮酒赤如血，

〔宋〕佚名《消夏图》中各色美食，体现了宋代人对饮食的追求

煮酒不如生酒烈。煮酒只带烟火气，生酒不离泉石味。石根泉眼新汲将，曲米酿出春风香。坐上猪红间熊白，瓮头鸭绿变鹅黄。先生一醉万事已，那知身在尘埃里。”

写《生酒歌》这日，杨万里赴宴的席上，菜肴丰盛，有猪红熊白。当然，这不是说肉的红白相间。“熊白”，说的是熊肉那种琼脂一样的膏白。吃熊肉、熊爪，在南宋几乎是小菜一碟。杨万里的《诚斋集》中，至少有三处写到熊肉，譬如：“小摘梅花篸玉壶，旋糟熊掌削琼肤。灯前雪里新醅熟，放却先生不醉无。”

你看，糟过的熊掌，要趁热边旋转边用薄刀削下琼脂一般的片肉，再来一杯新酿好的酒慢慢品尝。南宋的平常士人，对饮食如此追求，足见当时生活品质的优越。

《生酒歌》中的“瓮头鸭”，后来杭州人仍有这种类似说法，譬如“缸吊头”。“缸吊头”和“瓮头鸭”一样，指的都是绿头雄鸭的“嘎嘎”声似瓮（缸）中发出的“嗡”音。不过，后人说“缸吊头”，是指用当年新鸭配火腿、笋干、菌菇，在陶罐中炖出鹅黄色的“鸭煲”，但似乎嚼头不够。看来，杨万里这江西老表，好老家口味，吃的是炭火烤鸭。

“生酒”和“煮酒”，并不是烧酒和酿酒。尽管西汉的海昏侯墓中出土过烧酒的蒸馏器具，但杨万里《生酒歌》说的“生酒”“煮酒”，只是酿酒的不同工艺。“生酒”，新酿制的米酒，浑浊，有泉水的甘洌，但储存时间不长，好比后来的生啤。“煮酒”，类似后人说的黄酒，那是将生酒和配料加热，冷却后储于甏中，存放半年后，味道比“生酒”醇厚、温和。

京城杭州的官家酒库，也分“新、煮两界（院）”。

或许，高度蒸馏酒对粮食的耗费太大，没被允许走向民间。所以，醇厚、温和的酿酒盛行，由此也折射出杭人生活中那一种温文尔雅的酒文化，市井中酗酒之徒不多。

为此，佐酒的佳肴也多了“磨酒杯”的要求。仅《梦粱录》和《武林旧事》记载，杭城的酒楼菜肴，就有五百道之多。

3. 西湖六月的永恒旋律

淳熙十二年（1185）仲夏，盛开的荷花已近尾声，莲蓬也结出鼓鼓的青籽。这是一年中最热的日子，国子监的大司成颜幾圣和同僚们共游裴园，也算是高温期的休养犒赏，吏部郎中杨万里受颜幾圣邀请，一同寻凉。

裴园在苏堤东浦桥与曲院风荷（时在洪春桥一带）之中，是一处筑在水中的园林，也是西湖最幽深最有凉意的去处。这天一早，趁着日头初起，杨万里摇着折扇，走去涌金门外坐船。途中见一个叫卖的汉子，扁担两头的篾筐如同扁柿，小口，大肚，口上覆了一大张刚摘的似有水珠的荷叶。

那汉子歇担路边，吆喝拖了长音，只一个“莲”字。好奇的杨万里驻足，掀开筐口上的荷叶，荷香阵阵，原来是新采摘的莲蓬。杨万里挑几个莲籽鼓出的大莲蓬买了，边走边剥，入嘴满口馨香，恍惚走进了荷塘深处。

那日，国子监的同僚们坐了亭阁似的楼船，趁着日头尚不太猛的时候，在湖上西行。最终，停在裴园中的杨柳深处。凉风阵阵，树荫浓浓，莺啼雀欢。船家生炉煮起茶来，众人就着果品，吃茶论文，其乐融融。

〔宋〕佚名《荷亭消夏图》，图中一片片荷叶似乎透着丝丝的清凉之意

落日西沉，炎热稍退，月上柳梢，楼船又到孤山，停泊在荷叶丛中，任幽香溢满了整个船舱。众人临了月光，看连天碧叶，看花瓣盛开、嫩蕊翘首的荷花。也有人饮酒吟诗，下棋投壶。这是荷叶最盛最有清香之时，一进了七月，馨香就会逐渐减去。杨万里应众人要求，将一日的雅趣，吟出一组咏荷的诗来：

城中担上买莲房，未抵西湖泛野航。
旋折荷花剥莲子，露为风味月为香。

岸岸园亭傍水滨，裴园飞入水心横。
旁人莫问游何许，只拣荷花闹处行。

路上乡人的莲蓬，“露为风味月为香”的野趣，这游玩裴园毕竟是一个由头，众人要的是哪处荷花还剩“闹”，哪处柳荫最为浓，楼船就往哪处停。士人的儒雅品位，因了夏日荷花，更是意趣万分。

船开便与世尘疏，飘若乘风度太虚。
坐上偶然遗饼饵，波间无数出龟鱼。

小泛西湖六月船，船中人即水中仙。
外铺云锦千弓地，中度琉璃百折天。

在杨万里看来，人在碧水连天的西湖中，如同离开尘世，到了仙境。鱼龟出波的同乐，千弓之地，云锦一样的泛波，好似倒映蓝天的百褶琉璃。杭州如此的美西湖，真是天赐的度夏去处。

人间暑气正如炊，上了湖船便不知。
湖上四时无不好，就中最说藕花时。

游尽西湖赏尽莲，玉壶落日泊楼船。
莫嫌当处荷花少，剩展湖光几镜天。

这日头，要是市井，人如同蒸炊之中。来到西湖，风爽心畅，浑然不知炎热，月上柳梢之时，更有一片凉意。这时，无论是荷花绽放的最盛之处，还是荷叶稀少、湖光镜天之地，都是忘却归去的胜地。你若再说荷花将败，那真不懂意趣了。

这一日的晚餐，是杨万里的至交、临安府尹张杓送来的。张杓的长兄张栻，乾道六年（1170）为翰林侍讲，因为反对张说（yuè）升迁而得罪宰相允文，第二年被贬谪。为这一件事，满朝只有杨万里上疏抗争，虽然没能挽回张栻的贬谪，但杨万里的人格与胆气，让人敬佩。张杓作为临安府“一把手”，并没有受到长兄张栻的“株连”，可见当时风气不错。

张杓的美食送来时，楼船正停泊在孤山，和美食一起到来的，还有一位厨师。美食是夜市上即时采买的冰镇果品、卤味禽肉和海鲜。肴食虽然简单，但其中的蝤蛑（yóumóu）也就是梭子蟹，让杨万里大为点赞：

故人京尹剧风流，走送厨珍佐胜游。
青李来禽沉冰雪，黄金白璧斫蝤蛑。

你看，煮成金黄的梭子蟹，在厨师的斫开中，玉璧似的蟹肉展于眼前，白嫩满盈，清香扑鼻。可见当时杭城海鲜的运输，完全有了冷藏保鲜的手段。

那晚酒酣，国子监的喻良能也依次用杨万里诗中的韵写了十首，但总缺少杨万里那种诚斋体对稍纵即逝的生活细节的捕捉感。

杨万里写夏日荷花之诗，最为后人传诵的是淳熙十四年（1187）六月所作的《晓出净慈送林子方》。

林子方，一个为孝宗皇帝拟诏书的直阁秘书，他将去福建担任漕运使之前，杨万里与众友相聚在净慈禅寺的厢房为他饯行。

那日湖风微爽，在开阔禅房中喝了半宿素酒的好友们，稍息假寐，窗外就有鱼肚白了。众人乘兴步出山门，见正北的夕照山上雷峰塔，被晨曦抹了一层金黄的光亮。湖中荷叶碧翠，无穷无尽，似乎连接了蓝天白云。

走近了，那水中芙蓉在晨曦中正怒放盛开，清香阵阵。只见碧莲满溢水汽，硕大的荷叶滚动着半夜鱼跃的水珠，那含苞待放的荷花浅白淡绯，不少花瓣褪尽中的绒黄，正是那呼之欲出的莲蓬，娇嫩妩媚，风情万种。

晨光透过树隙，抹得荷花鲜亮无比，将一帮“老子宿酲无解处，半杯羹后半瓯茶”催出精神的倜傥文士，看得如痴如醉。林子方说：“离开了杭州，何处才能见到这清新去处，人间仙境！廷秀兄，你当为我作一诗相存。”

杨万里脱口吟道：“毕竟西湖六月中，风光不与四时同。接天莲叶无穷碧，映日荷花别样红。”这几乎是平常口语，却将杭州的西湖荷花，定格在了六月之中，流芳百世。

4. 寻凉不夜城

淳熙十四年（1187）六月的最后几天，大热。尽管住在蒲桥的杨万里北窗临河，往北又是稀稀拉拉的修内司营房，但临了东青门的高高城墙，窗外没有一丝风。好在厅堂高敞，地砖瀴凉，打一把蒲扇的杨万里，在苦热中吟诗一首：

三岁都城寓远坊，今年一热古无双。
夜来何处山村雨，凉到蒲桥桥北窗。

绍兴年间，曾在杭州住过三年的杨万里，没曾遇到过这样的剧暑。这几天，小老乡罗时清来京城参加礼部丁未春闱，没中榜，正住在杨家。晚饭过后，杨万里带了罗时清和儿子长孺，一起去大街（今中山路）夜市寻凉。

这杭城，哪怕宋金交战的日子，都没实施过宵禁，也算是祥和熙怡，繁华安乐。杨万里三人过了盐桥，走鹅鸭桥直街，来到大街。这大街虽然没有岁末新春那种彩灯和社火，但少了白天火辣的日头，又有满街的夜市百摊，盛夏苦热中，直让人留恋得通宵不想回。

夜市的凉水摊铺，是大街寻凉的首选。南宋的凉水，也就是后人所说的冷饮，品种众多，有雪泡的椰子酒、梅花酒、荔枝膏水、缩脾饮、豆儿水、甘豆汤、鹿梨浆、绿豆水、乳糖真雪等。它们标有“冷”“绝冷”以及“呼索取覆”字样，也就是请各位客官，任你所好，反复自取，喝够了再买单。

那雪泡的椰子酒、梅花酒，是果酒饮料，不属于官酒，不受官府管控，特别受士民消暑青睐。妇人的饮料，也是一大特色，五苓大顺散、香薷饮、紫苏饮，既保健，又美容润肤，纯中草药爽口之物。有一家大叫“富家散暑药冰水”的，价格不贵，名称大气，让囊中羞涩的市人有了一种身份的满足，也算是从舌尖的舒适进入了身心的享受。

众安桥有卖糖霜的，当众吹制，竹签串了，似棉似雪，牙齿轻咬，有踩上了板桥的“咔嚓咔嚓”脆响，还满嘴跑凉，真是奇了。杨万里有诗赞它：

亦非崖蜜亦非饧，青女吹霜冻作冰。
透骨清寒轻著齿，嚼成人迹板桥声。

杨万里驻足，买了三串糖霜，一人一串，当街大嚼了起来。

有一对卖冷饮的夫妇，三十来岁。汉子的挑子两头，是两个宝笼式货柜。宝笼的下三层储存了各式冷饮配料，最上面一层的带盖匣子，明显要大于下面几层。那带盖的匣子里放置了调制后的雪泡甘豆汤、豆儿水、鹿梨浆、姜蜜水、卤梅水、木瓜汁、沉香水、茶水……最不济的是冰镇苦水，虽不中听，但如后人的咖啡，就喝它一个以苦消暑。

那汉子挑担的扁担，固定在两只宝笼上方的横梁鼻上，再上面是一方连接着两只宝笼的雨棚，棚的四边垂下一圈帛花。这行头，也显出了临时摊位的档次。那汉子打扮不俗，一方素色齐耳软幞头，上衣下裳（cháng），煞是整洁。倒是他那个右手提了冷饮银瓶，左手托了茶盘的娘子，吸人眼球：一件敞开的索腰短襦，穿得极为丰满性感。

杨万里挡不住这女子的殷勤，连喝三盅雪泡梅花酒，也给儿子长孺和罗时清各买了三盅雪泡卤梅水。这雪泡饮料的冰，不是自然冰。要是用自然冰调制凉水，吃了容易拉肚子，哪怕有太平惠民局这样的“医保”，杭州的生意人也不会干。用自然冰块来冷却，倒有可能，但隔年的冰块成本也高，一般的士民花几文钱，哪能喝个痛快？

难道是南山窖子的隔年藏冰，或者韩世忠的北方快船运来的冰块？也不是，这些冰主要供皇城后宫消夏所用。你看大内，一到盛夏，翠寒堂内高低错落地摆起了数十架金盆，冰块堆积如山，又以风轮吹散，清凉异常。大学士洪景卢说，他被召进翠寒堂议事，大伏天身上都起了鸡皮疙瘩。高宗见状大笑，赶紧叫中贵人拿了一件“北绫半臂”（一种用绫绢做成的短外衣），给他披上。

“水精宫殿冰雪山，芙蕖衣裳菱芡盘。”坐在冰块之间，吃吃清凉的菱肉和芡实，惬意中的高宗好歹也记得黎民。皇城的用冰有宽裕时，多少还匀出一些卖给市井。

帝城六月日卓午，市人如炊汗如雨。
卖冰一声隔水来，行人未吃心眼开。
甘霜甜雪如压蔗，年年窨子南山下。
去年藏冰减工夫，山鬼失守嬉西湖。

这说的是京城的六月，整日像午时闷在炊笼之中。

那隔了市河的卖冰声传来，行人就算没吃到，听听也像吃足了雪泡的荔枝膏水一样，透出了开心。这靠的是官家在南山“窨子”（地窖）的年年藏冰。去年藏冰出了问题，减了工夫，大概是管理人像“山鬼”一样失职，去西湖嬉玩了吧。

笑话归笑话，杨万里的批评是真的。缺少冰块，盛夏怎么办？不过，大可放心，至少在南宋之前，制作火药的匠人偶然发现，硝石易溶于水，在溶解的那一刻会吸热结冰，使周围迅速降温。如果将饮品甏放在硝水中，大热天都能做出冷饮，京城人“凉水”不减。

这日晚上，杨万里又让儿子和罗时清尝了新鲜的冰镇荔枝。这新荔枝，由中瓦门前的水果铺专营，杨万里有“飞来岭外荔枝梢”句赞过它。那水果铺除了卖拳头大的槜李、军庭李等外地特色水果，还卖本地应时的暑中果品，如秀莲新藕、蜜筒甜瓜、碧芡、金桃等。

〔宋〕佚名《宋人十八学士图》，图中冰镇果品用于时人消暑

尤其是碧芡，也就是新鲜芡实，睡莲的种子，形如鸡头，杭人也称之为“鸡头子”。水果铺的小厮会当众给你剥出一盅芡肉，不加伴料，纯鲜纯味。杨万里对芡实也有“鼻观温芳炊桂歇”的诗句，说的是煮熟的芡实散发出阵阵香味。

中瓦的勾栏，天热停了演出，门前却另有一番欢喜。一位卖凉茶的老妇，人称“三朵花点茶婆婆”，为了招揽客官，她头戴三朵大红花，两手敲打茶盏，随了节奏，上下“掇”着脑袋，引人大乐。大热天中，这也是招揽生意的一种办法。

一位卖薄荷糖的老人，更奇。他的担子一头是糖匾，一头是腰鼓似的水桶，水桶中有游动的乌龟、鱼类。要是这老头一敲卖糖的小锣，呼叫了龟、鳖、鳅、鱼的名称，它们都会轮流浮出水面，摆动尾巴起舞，看得长孺和罗时清大乐。

二更响过，要不是儿子来了困意，杨万里还会往大街的南头走去。那一段，店铺更多。“回家吧。”杨万里说道。回走时，三人改道走了猫儿桥、荐桥。这倒不是猫儿桥有杭人传说的“三脚猫”偶然会在深夜出现，只是沿了盐桥大河的河滩走去，开阔，凉快一点。

其实，夏日寻凉，去东青门外的城东厢也不错，那“横街”商铺也多，偶尔还有南番进贡的暹罗大象出来溜夜纳凉。城东厢没有城墙，江风东来，够凉快的。不过，城内的八个厢是京畿重地，一到落黑，城门要关闭，到时候既出不去又进不来了。

城墙高耸，也就显出城内每一条河流的好来，通风宜爽。杨万里父子走到新桥，也就是丰乐桥和盐桥之间的那一座青石拱桥，凉风阵阵吹来。周身一爽的杨万里顿时来了诗兴：

灯火希疏夜向中，追凉只与热相逢。
意行行到新桥上，两岸无人四面风。

这时，敲着铜盏卖“冰雪凉水”的吆喝声，拖了长音，如同烟云，依然从不远的坊巷中袅袅飘来。

5. 暑热中的都市卫生

淳熙十四年（1187）十月，杨万里擢升为秘书少监。在任上，暑热的日子，他不喜欢坐肩舆去秘书省上班，愿意在盐桥堍下坐上舫船，悠悠南去，喜欢杭州人那种从容的慢生活。

舫船不小，像坊巷中的浅屋，有四五楹不同风格的房间，门帘全都卷起，四周环以走廊。杨万里喜欢倚了房间前的扶栏，在晨曦中随着船的摇动，左右观看。船先是顺盐桥河往北摇，船客招手即停，过了梅家桥，船西折，前行到葛家桥，再折南，进入市河。优哉游哉经过众安桥，入得清湖河，再经瓦子桥、井亭桥、三桥，直到秘书省后门。

晓入秘书省过三桥
船底吴侬尚晏眠，一船炊饭数船烟。
行人各自东西岸，抵死回头看两边。

此时，船家女孩还在舱底呼呼贪睡，船板上早已饭香四溢，前后数船炊烟缭绕。两岸上，做买卖的，走路的，还有小楼窗阁中晨起妇人在凝思，那一种市井的悠然与嚣然，是抵死都拉不回的眼福。

春秋以来的礼乐文化，多以阳光下的泥土气为多，士人的底子，总是以厚道的耕读文化为基。不过，都市的形成，毕竟是礼乐与文化的集大成者。这靠的就是河流与船埠，要是没有倚水而居的人的聚集，也就没了城垣与商市的繁华。

秘书省掌管礼乐和文化，是抓精神文明的，虽然也称“省”，权力却远不如尚书省、中书省、门下省。秘书省掌国史实录、天文历数之事，还有负责经史子集的书籍收藏，在战乱以后，尤其显得重要。秘书省中的太史局，单独设在吴山的北坡上。太史局有一架“推占星象”的“浑仪基（台）”，设在山腰的僻静处，测试气候、地震，称得上是国家天文台。

杨万里走进天井坊东面的秘书省，没有直接去西阁办公，穿过北侧的道山堂议事厅，先去了国史所的西北侧。杨万里不是在做考勤查看，他是去澡圊。一早的舫船，不宜方便，他有点内急。

澡圊就是洗澡和如厕的卫生间，京城内官署的标配。当然，市井也一样，生活质量一高，别说洗澡，就是洗完澡都极有讲究。当然市井比官署要随意一些，不受“谏议”的举报约束。譬如，市井的澡堂，不少还配有清唱小词的“祗应”女子，像徐六妈、沈盼盼、普安安、徐双双、彭新等，都是浴业界名列第一的歌喉，呱啦粉脆，绕梁三匝。

当然，这“梁”是指浴后休息室的梁，不是光腚澡池上的梁，杭城中将这种吟唱者称为“祗应”。“祗”本是恭敬，还真没有一点亵渎的意思。澡堂如此高雅，公厕也极考究，都建在靠近流水之地，出恭就在哗哗的水边。当然，这厕水绝不会汇入市河，杭城在那时就有了截污分流。

杨万里如厕完后，又用“澡豆”，一种类似香皂的洁物洗了手。他看到澡圊的保洁做得不错，手巾、水盆、厕板、厕坑都清洁一净，地面也没有污秽、湿滑，用后的净纸也不狼藉，水盆也没有滞留的垢滓，着实称赞了保洁员。估计，保洁员的年终奖金也会加的。秘书省的澡圊，毕竟是京城卫生文明的典范。

这一日，朝廷的高温慰问也来了，先宣读圣旨，又赐了两盒福建的龙凤团茶。秘书省当然不缺茶叶，这只是朝廷的一种关怀。为啥只送福建茶？因为仁宗的时候，欧阳修极力推荐建安的这种团茶。庆历年间，蔡君谟（蔡襄）当了福建路转运使以后，也好这口，年年进贡大内。

杨万里也懂茶叶，别看皇上赐的两盒茶叶不重，单看篾丝编织的笈（书箱）一样的外壳，就显出它的珍贵。打开笈，内有涂金锁锁住的朱漆小匣。再开小匣，有黄罗锦夹了青箬叶包裹的一只锦软盝。“盝”通“簏”，都读 lù，老杭州称盒子为“lùr”，就是“簏儿”。

这么层层包装，软盝中的茶叶就不多了，只是“方寸小銙（kuǎ）”而已。当然，这不是散茶，而是产于福建的形似銙带的小茶饼，由初春采摘的茶叶中的“雀舌水芽”制成。就这一銙，时值就是四十万文制钱。

皇上的赏赐，不只是茶叶，还有洪州扇和草虫扇。洪州扇是江西进贡的大蒲扇，扇起来，风特别大。草虫扇就是画有草虫花鸟的折扇，扇起来，风不大，却蕴含诗意。尤其是宫内草虫扇，也有圣上一时兴起的御笔题款，按规矩是不得随意流出宫外的。

可见，这赏赐不只是应节气的派送，也是一种精神慰问。遇到这日子，秘书省的同僚往往会去后市街的施家酒店小撮一顿。

6. 舌尖上的夏日杭城

杭州成为京城以后，仅说饮食，豫、鲁、徽、湘、苏、川、粤、闽，肴汇八方，融成杭帮一绝。也因为战事久歇，物价便宜，饭馆酒楼丰腴简约任凭消费。按《西湖老人繁胜录》的说法，一个壮汉，进得饭馆，花三十八个铜钱，点一盘白切猪肉都吃不光，得索取荷叶打包回家。

不过，一进六月，天太热，连宴飧觞歌的豪华酒楼，一下子都少了人。只有那些既有口碑又有阴凉之地的小酒店，招人喜欢，譬如后市街的施家酒店。

施家酒店不是官家酒库的连锁子库、脚店，只是一爿卖二次加工酒的拍户。这店有一个大天井，泼透凉水的青石板十分瀴凉。墙角还有一棵枝粗叶茂、遮天蔽日的大枳椇树，树下可摆得两张八仙桌。更招人青睐的是，这店的调和酒和小海鲜，极有特色。

调和酒中的鹿蹄酒，杨万里曾有一诗赞过它：

桂叶揉青作曲投，鹿蹄煮醁趁凉篘。
落杯莹滑冰中水，过口森严菊底秋。

鹿蹄酒，用两种叶草调制而成。一是隔年揉制成饼的嫩桂叶，发酵晾干，用时捣碎，像酒曲一样投入煮酒甏中，功能为镇静安神、消热。二是闽地的鹿蹄草根，性寒，祛毒。这两种植物与酒置于一甏中，泡制多月。喝时，先将酒（醁）加热，凉透，再用滤酒的篘过滤一下。

这酒，入口清凉，莹滑如冰，消暑解毒，有菊花盛开的晚秋之感，但仅仅如此。喝这酒，也并非好酒者的追求。喝时要有飘飘然的兴奋，这是乐趣。当然，不能猕猴一样没完没了地欢腾，还要有适时的醺醺然熟睡，这才是喝酒大道。

要达到醺醺然熟睡，必定多加饮酒，但日久天长，伤肝败身。好在陈年桂叶有镇静安神的奇效，龙不在潭深，酒不在量多，桂叶与酒一并发挥作用，喝者既有少伤身的飘然，又有忘记万忧的熟睡。这种口福与养生的兼备，也能看出时人对饮酒的要求。

可惜夏日正是鱼儿怀子、东海禁渔的日子。不过，施家酒店的小海鲜，能让人一饱口福。杨万里说："先上一道蛤蜊米脯羹开开胃。"

蛤蜊米脯羹，杨万里有诗赞过：

倾来百颗恰盈奁，剥作杯羹未属厌。
莫遣下盐伤正味，不曾著蜜若为甜。
雪揩玉质全身莹，金缘冰钿半缕纤。
更淅香粳轻糁却，发挥风韵十分添。

蛤蜊不能葱油炒，做米脯羹是一绝。怎么做？生剥一百粒，也就装满女子梳妆用的那只奁就够，不要厌烦啊。蛤蜊肉下锅，不放盐，会有蜜的甜味。火头千万不能过，要让蛤蜊肉嫩得晶莹玉透，金边分明。这样的蛤蜊米脯羹，嚼起来有香粳米粒那种黏质和弹性。

第二道菜，是现剖的生牡蛎肉，盛在一只高脚青瓷盘中。这是冷冻快递来的牡蛎，蛎肉黄白相交，黏黏糊糊，似有生灵在搏动。牡蛎生在海滩，壳体连接如房，

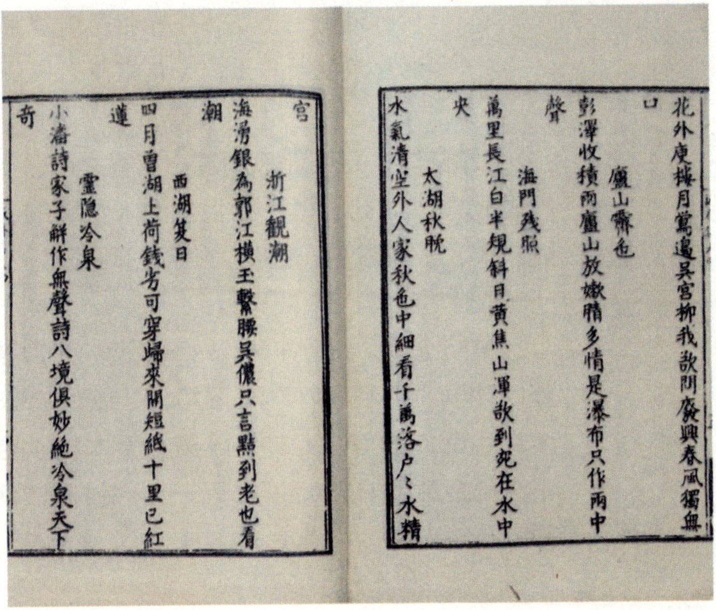
花外庚攜月鴬邊吴宫柳我欲問奚興春風獨無
口
廬山霽色
彭澤收積雨廬山放嫩晴多情是瀑布只作雨中
聲
海門殘照
萬里長江白半規斜日黄焦山渾欲到死在水中
央
太湖秋晚
水氣清空外人家秋色中細看千萬落户〻水精
宫
浙江觀潮
海湧銀為郭江横玉繫腰吴儂只言黠到老也看
潮
西湖夏日
四月曾湖上荷錢岁可穿歸來閒短紙十里已紅
蓮
靈隱冷泉
小濇詩家子辭作無聲詩八境俱妙絶冷泉天下
奇

〔宋〕杨万里《诚斋集》书影

依附岩石，又称“蛎房”。后来的杭州人也称“蛎黄”，或许是误读，或许指蛎肉的黄。生牡蛎肉，佐以芥醋，入口鲜润，回味无穷；佐以调和酒，端的是滋阴壮阳。

杨万里也写有《食蛎房》诗一首，说酒徒为它折腰：“也被酒徒勾引着，荐他尊俎解酡颜。”在杨万里看来，满桌美味中只要有一碟蛎肉，就是酒徒最好的解酒之物，吃了之后，透了酒气的满脸酡红会消释大半。

施家酒店还有一绝，那就是低温储存的糟鲜，杨万里一本《诚斋集》，至少有5首诗和2篇赋写到过它。其《糟蟹六言》（其一）说：

霜前不落第二，糟余也复无双。
一腹金相玉质，两螯明月秋江。

有七绝赞道：

横行河海浪生花，糟粕招邀到酒家。
酥片满螯凝作玉，金穰镕腹米成沙。

“霜前”，是西北风刮过，落霜之前，大闸蟹绝无第二的壮实。如此大蟹，活生生泡入特制的酒糟中，冷藏到来年，一只就是一顿鲜美绝顶的酒菜。

糟蟹上桌，酒香扑鼻。先不说两只大螯被蟹锤敲开，蟹肉如同“明月秋江”一般澄清，就说口味，那真是缕缕片片酥口鲜美。尤其是雌蟹，原本膏似的蟹黄，糟成了满瓤金黄色的“米沙”，只一吮，就让你鲜得忘了斯文，啧啧有声。

“能纳夫子于醉乡，脱夫子于愁城”，“与汝相忘于江湖之上”，这是杨万里《糟蟹赋》里说的醉话。“客复酌我，我复酌客，忽乎天高地下之不知。”你说我喝啊，我说你喝啊，管什么天高地厚，要什么酒令投壶，就凭一只大糟蟹下酒，说别的全是废话。

一盘醋熘银鱼干上了桌。这银鱼，长有寸许，洁白如玉，身无一刺。这要是应时的鲜活，按杭州人吃法，置一大块嫩豆腐于水中，任凭银鱼前赴后继地钻入。然后，切豆腐成薄片，或煎炸，或熘炖，皆成佳肴。不过，这禁渔期内，能有醋熘银鱼干解馋，也不错了。

杨万里也有诗赞过银鱼干：

初疑柘茧雪争鲜，又恐杨花糁作毡。
却是剪银成此叶，如何入口软于绵？

柘茧，一种柘树叶喂出的蚕做的茧；杨花，轻盈的柳絮；剪银，银片剪成的细叶。杨万里这等比喻，妙不可言。

主食是提前约定的樱桃煎，用冷藏的樱桃榨汁和面，印版压成制钱一样的小圆饼，烤后冷藏。入口时，樱桃的色香味，全在小圆饼的咀嚼中，喷薄而出。杨万里也有诗赞它：

含桃丹更圜，轻质触必碎。
外看千粒珠，中藏半泓水。
何人弄好手，万颗捣空脆。
印成花钿薄，染作冰澌紫。
此果非不多，此味良独美。

一干人吃得舒心，结账会钞时，杨万里和掌柜说："天井那株枳椇，到秋时制了金钩钩酒，千万记得留给我几壶。"说这话时，门外有小厮抬了细篾筐进来，篾筐中有陶瓶若干，小厮叫道："脆螺、泥螺、鲎羹到了！"

脆螺是盐渍的香螺，泥螺杭州人也称"土贴"，都是极鲜美的渍物。但相比鲎羹，脆螺、泥螺就黯然失色。鲎羹是雌鲎的籽酿制成的羹，美味，量少，稀罕。这鲎也奇，最小的也如同面盆，上下硬壳，拖一条三棱刺的尾巴。雌鲎肥大，常常驮着瘦小的雄鲎，形影不离。渔民一网下去，独取雌鲎。

雌鲎腹中满是番木瓜籽一样的鲎子，松花蛋白似的透明，外包幽蓝色浆水。鲎子用白酒和佐料除腥去毒后，盐渍为酱，成了"鲎酱"，也称"鲎羹"。杨万里曾有一诗赞它：

忽有瓶罂至，卷将江海来。
玄霜冻龟壳，红雾染珠胎。
鱼鲊兼虾鲊，奴才更婢才。
平章堪一饭，断送更三杯。

“鱼鲊”“虾鲊”指腌制的海鲜，鲜美。不过，与鲎羹相比，它们就是“奴才”和“婢才”了。“平章”，是商酌之意，杨万里挡不住这美味啊，哪怕酒足饭饱，还可以考虑再添饭，再来酒。这不，跨出店门的杨万里，又急不可待地返回天井，他说：“上鲎羹！上鲎羹！再上一壶酒！”

鲎羹，普通话读“hòu gēng”但杭州话读“hōu gāng”，后来酱园店卖的“虾羹”，读音也是“hōu gāng”。鲎羹与虾羹，前者是佐食，如同泥螺，直接下酒、佐饭；后者是调味品，用于菜肴提鲜。从鲎羹到虾羹，足见杭州人吃得丰富。

后来的杭州人对说话不算数，放人鸽子，给人吃“空心汤团”，也称“吃鲎羹”。难道真似杨万里所说，鲎羹味如仙馔，可遇不可求，能吃到是一种口福，吃不到只能是空口许愿了。当然，这都是后话。

赘言：

山中走兽云端雁，六畜七禽海中鲜。在南宋杭州，仅从史料看，市井的饮食品位，后世难以企及。本章以暑夏为背景，以杨万里的“吃客”诗与生平为线索，叙说夏日杭城的饮食之美，铺陈品质之城的“舌尖”细节，彰显时人对饮食文化精益求精的创造与追求。

如今，杭州话中讲究入口鲜嫩的“氽”（而不是“川”字），讲究杀生起锅的“氽”（糖氽蛋），以及轻盐入味的“暴捏”（暴捏菜），抿酒细品慢酌的“溿”，享受口福的“小落胃”，都是美食细节的遗留，能读出杭州人历来的饮食品位和对品质生活的追求。

参考文献

1.〔宋〕吴自牧：《梦粱录》，浙江人民出版社，1984年，第24、119、140页。

2.〔宋〕杨万里：《诚斋集》卷九，载《摛藻堂四库全书荟要（集部）》本，第36页；同书卷十，第64页；同书卷十一，第89、126页；同书卷十四，第123—124页：同书卷十八，第39页；同书卷二十二，第67—68页。

3.〔宋〕四水潜夫：《武林旧事》，浙江人民出版社，1984年，第42、43、94页。

4.〔宋〕西湖老人：《西湖老人繁胜录》，载《南宋古迹考（外四种）》，浙江人民出版社，1983年，第103、108、113页。

5.〔宋〕陈骙：《南宋馆阁录》卷一，文渊阁《四库全书（史部）》本，第6页。

6.《宋史（下）》，载上海书店编《二十五史》第8册，上海古籍出版社，1986年，第1457页。

7.〔明〕田汝成：《西湖游览志余》，浙江人民出版社，1985年，第52页。

8.傅伯星：《大宋衣冠——图说宋人服饰》，上海古籍出版社，2016年，第98、111、288页。

9.姜青青：《〈咸淳临安志〉宋版“京城四图”复原研究》，上海古籍出版社，2015年。

秋天：音乐之城的故事

姜夔（约1155—1209），字尧章，别号白石道人，饶州鄱阳（今属江西）人，少年失父。姜夔娴通音律，好以词曲立足，与杨万里、范成大、萧德藻多有往来。因为姜夔不图功名，又无田业，平生清贫。好在萧德藻深爱姜夔才华，将侄女许配给了他，给30多岁的姜夔在乌程（今湖州）安了一个温馨的家。

萧德藻也是一个淡于功名、归隐不仕的文人，他住在乌程屏山中，自称“千岩老人”，安于贫淡。庆元二

姜夔像

年（1196）仲秋，习惯浪迹江湖的姜夔，又从乌程坐船来到杭州。这一年，他已过不惑之年，迎风站在船板上，体貌清雅，衣衫飘逸，风度翩翩，望之若神仙中人。

这也是姜夔一生中词曲创作的最佳时段，或许，这时的苕溪山水，正使他沉浸在词曲的构思之中。不过，姜夔的创作灵感，最是在微醺之时，在夜深星月满垂的踱步之间。就是朔风寒夜，凛冽迫人，仍挡不住他清逸词曲低吟而出，时称其为音乐奇人。

1. 张园歌舞几时休

这是姜夔第二次来到杭州，因他的名声，早让深爱音乐的朝野上下仰慕已久。酒楼、瓦舍，只要一打出“姜白石某某词曲首次吟唱”的招牌，顿时就座无虚席。

姜夔又来了，他一住进三桥街旅邸后，粉丝来访整日不断：有老友叙旧的，有求教词曲的，也有请姜夔改上几笔的。直到秉烛时分，还来了两拨。这要是秦桧当政的年头，店主肯定要上报了。

次日午后，姜夔连打盹都在感叹这城中人对音乐的热爱，忽又听门外问话：“白石先生可在？”姜夔尚未应答，两位衣着鲜亮、年纪相仿的官人，在店家引领下进了客房。

他俩一见姜夔，深深作揖，异口同声：“尧章兄，兄弟接迎来迟，失礼失礼！”姜夔赶紧回礼：“平甫兄、功父兄，一晃两年没见，失迎失迎！”

来者一个叫张鉴，字平甫；一个是张镃，字功父，或作功甫。他俩的曾祖父，就是那个“起于诸盗”的循王张俊。不过，这兄弟俩文质彬彬，早没了西北人的孔武，诗词曲赋、琴棋书画、园林山水、鱼虫花鸟，样样玩得溜溜转，端的是杭州士人范儿。

三人一番寒暄，张鉴说："这旅邸太简陋，住不得，住不得，兄弟早已备好寓所，门外有小轿等候。"不容分说，仆人上前，将姜夔的行李、书籍直接担走。姜夔只得上了一顶大轿。一声"起轿"，轿夫沿了大街青石板路，向北奔去。

轿子过了观桥，拐东，经仓桥、葛家桥，沿着流水到了张园。这张园本是张俊所建。这个后来跪在岳飞墓前的张俊，晚年在清河坊闹市住得腻了，又在这水波浩渺的白洋池边买下田家楼，大兴土木，扩建近百亩的园林，人称"张园"。

张镃接手张园，又买下东边曹氏的荒芜园子。那园中，本有古梅树数十株，山水丹青极有造诣的张镃，又千金叠一丘，百金疏一壑，从西湖四山移来了近千株各色梅树，还仿建了西湖六桥，一时风光旖旎，清馨绝尘，名震杭城。

轿子在玉照堂前停了，只见堂外满树金黄，桂香阵阵。在众人的恭迎中，姜夔入得大厅，在上首坐了。侍女上茶，张镃、张鉴的异母兄弟张达可前来谒见。这时的姜夔，见厅堂除了一壁有几张高椅和茶几供落座，大半壁一片空荡，有点不知其妙。

张镃向姜夔请过茶后，问一边侍女："香已发了吗？"侍女答："已发。"张镃一声传："开帘！"只见厅堂那壁的粉红帘子徐徐拉开。顿时，一种不同于桂花的异香阵阵袭来，如梅花盛开，清凉满堂。

突然，丝竹声如冰瓶落地，陡然而起。只见群姬一字而出，曼妙窈窕，各持美酒佳肴，浮水似的依次而来，置于桌几；又殷勤斟酒劝肴，叉腰作揖，徐徐退下。

《莺声绕红楼》的曲调就在这时悠然响起，曼舞出来十名歌姬，广袖飘逸，一色的柳黄衣裳。她们皆插梅花头簪，佩梅花首饰，衣领绣的也是大红梅花。其中一位绝色歌姬，执一牙板，领唱起了姜夔词作：

十亩梅花作雪飞，冷香下、携手多时。两年不到断桥西。长笛为予吹。

上阕过腔时，姜夔情不自禁起立，接过一边歌姬的玉笛吹了起来。领唱的下阕歌起：

人妒垂杨绿，春风为、染作仙衣。垂杨却又妒腰肢。近前舞丝丝。

一曲罢了，姜夔归还玉笛，落座前向张镃、张鉴等再三作揖："在下漂泊不名，多谢各位兄长厚爱。"张镃、张鉴等起身回揖，众歌姬退下，粉红帘子拉上。众人举杯再三，张镃又轻拍三掌，帘子再一次徐徐拉开，另一种花香袭来，如同桃花盛开的春日。

这一次又上来十名歌姬，广袖飘逸，但皆紫衣紫裙，头簪桃花，佩饰桃花，衣领绣的也是粉红的桃花。随着一首《角招》的奏起，众歌姬翩翩起舞。才奏了一个"过门"，姜夔又起身，到弹七弦琴的歌姬边接手弹奏，琴声琤琤。

那歌姬唱的又是姜夔的词：

为春瘦。何堪更、绕西湖尽是垂柳。自看烟外岫，记得与君，湖上携手。君归未久，早乱落香红千亩。……伤春似旧，荡一点、春心如酒。写入吴丝自奏。问谁识、曲中心，花前友。

“吴丝”，指江南琴弦。这是前年姜夔和友人游西湖写的。好一个天下少有的美西湖，睹景生情，怀念故人。姜夔又一次举杯，向张镃、张鉴等人致意：“兄长如此偏爱不才，不敢当啊！”

众人落座，歌姬再次出场，如此三番。歌姬有穿鹅黄衣裳，佩紫花首饰的，有穿绛红褙子，佩黄花首饰的，唱的都是姜夔的词曲，依次有《扬州慢》《一萼红》《清波引》《浣溪沙》等。每一个上场的歌姬，都敬姜夔酒一盅。当终曲完了，十八的圆月升上了夜空，张镃请姜夔移步他处。

2. 促织鸣唱入机杼

众人出得玉照堂，有大红灯笼前引，走园林曲径。到了白洋池边，登上画舫，向东岸皓月悠然而去。张镃站在舫首，趁酒兴高声吟咏：“一棹径穿花十里，满城无此好风光。”刚吟罢，周边的灯笼突然高低错落亮了起来，鼓乐也在寂静中倏然奏响。灯火中，只见高大的树木之间，有铁索桥在三五丈高处晃荡，两三绰约娇娘，于铁索桥上翩翩起舞。姜夔平生第一次见得这等场景，哇，这哪是都市之中，分明是世外仙境！

画舫就在这不是天阙又恰似仙境的园林中徐徐而行，抵达东岸，进入张达可宅园。迎面一幢三层楼阁，匾额“宝钗楼”。只见厅堂红烛高照，早已置下一桌筵席，高脚银盘中，有石榴籽儿、马院醍醐、沉香藕、玛瑙饧等十几种佐酒果品。

这一回，除了侍女，歌姬皆无。觥筹交错间，众人谈的是填曲作词、音律尺谱，讨教的讨教，切磋的切磋。酒过三巡，壁间悠然响起蟋蟀鸣叫声，时高时低。张镃举杯聆听，微醺着说："尧章兄，为弟唐突，想以蟋蟀为题，填词一首，供诸位一笑。"众人大声叫好。

张镃持酒，在堂上走了不久，依了《满庭芳》词牌，填《促织儿》词。这词的上半阕应了"促织儿"的题："……争求侣，殷勤劝织，促破晓机心。"下半阕，出了意境："儿时，曾记得，呼灯灌穴，敛步随音。任满身花影，犹自追寻。携向华堂戏斗，亭台小、笼巧妆金（蟋蟀储养和打斗的笼盒）。今休说，从渠床下，凉夜伴孤吟。"

张镃一词吟完，众人一片赞声。张镃举杯致意姜夔："尧章兄，今晚你也一定要以蟋蟀赐词，授教兄弟。也可供府中众姬为歌，不时吟唱。"姜夔起立，笑说："好好，恭敬不如从命！"

姜夔持酒，仰望庭外秋月，又返回，依《齐天乐》词牌，吟词。词的上半阕应了"蟋蟀"的题："……正思妇无眠，起寻机杼。曲曲屏山，夜凉独自甚情绪。"下半阕："……候馆迎秋，离宫吊月，别有伤心无数。豳诗漫与。笑篱落呼灯，世间儿女。写入琴丝，一声声更苦。"

同样写蟋蟀，姜夔也写了无眠的妇人，想起远方的丈夫寒衣无备，赶紧找出机杼织布。曲曲的屏风啊，挡不住夜凉中我的苦思。远方的人啊，无论你羁居候馆（客栈），还是在离宫望月，应该也是伤心无尽吧。《诗经·豳风》说的也就是这思念的苦啊。君还记得小儿女时，我们举灯篱笆间，捉蟋蟀的欢笑吗？这一切，今日写入"琴丝"（乐曲），都是思念者的切心之苦啊！

同样写蟋蟀，张镃的意境是，让蟋蟀在“渠床”下陪他“孤吟”，有一种士大夫的闲适清高。姜夔写出的是织妇对远方挚爱的思念，她将蟋蟀的鸣叫织入了机杼，一声比一声更苦。

南宋之前，杭州人称蟋蟀为“促织”。这和人们将杜鹃鸟，称作“布谷”一样，都是农耕时代对时令的提醒。姜夔将“蟋蟀”的低吟演绎成了织妇的幽思，“写入琴丝”，也就是写入了曲谱，被张府的歌姬唱响，又传唱杭城，嗨翻一时。于是，在爱乐的杭城，蟋蟀又被赋予了另一个雅名——曲曲。

后人为“曲曲”加了“虫”的偏旁，似乎是文字的完善。可它只是借用了“蛐蟮”（蚯蚓）的“蛐”，这也让杭州人的爱乐雅致，在文字表达上留下了一个小小遗憾。

3. 姜白石献盛世乐典

杭州的“姜粉”具有较高的音乐品位，庙堂上层更甚。资政殿大学士范成大、焕章阁待制杨万里和朱熹、左丞相京镗、右丞相谢深甫，都是姜夔的粉丝。范成大第一次见到姜夔，晓得他还是单身时，就将一位美艳歌姬送给他，侍候左右。

张镃是司农寺主簿，主管全国农业和土地，权位也算可以。他与张鉴想到了一起，要为姜夔求个一官半职，在京城杭州也好有个稳固的家庭。姜夔断不肯，人生过半的他不是不想过这么一种稳定、闲适的生活，只是不想以别人的“输资”去取得职位。

不过，哪怕没有仕途，哪怕生活不稳定，姜夔靠他“九万笺”的词曲，还是能在杭州生活得很滋润。姜夔的友人陈造有诗称：“姜郎未仕不求田，倚赖生涯九万笺。”姜夔的诗词受到热捧，但其对词赋音乐只是痴爱，并无以此敛财之心。

这一次姜夔来到杭州，他想将“国乐整理”之成果递交给刚登基的宁宗皇帝，因为这一座响彻琴瑟鼓乐的都城，仍在沿用汴梁旧京的记谱法和乐章，也就是周邦彦的大晟乐府作品。它们最大的不足，就是乐工、器物和丝竹不尽相配，不少的词曲、乐章，演奏时难以发挥最好的音律效果，姜夔认为要改革。

可惜，能在朝廷中说得上话的范成大已经病逝，主管礼乐的太常，嫉妒在野的姜夔的才华，他接到改革提案后，并没有呈交宁宗，也没有在他主管的教乐所，也就是教坊中实施，却直接压进了抽屉。

好在姜夔没有指望以此进身，他住在东青门外，整日“卧看青门辙”，构思他的乐曲创作。这东青门外的宅子是张鉴送的，还拨有侍女。虽在城门外面，但东城墙外的城东厢，也非冷僻之地，姜夔和他的萧氏夫人，倒也过得清静舒适。

庆元五年（1199）三月，73 岁的杨万里回京述职，又擢升为宝文阁待制，姜夔前往拜访。说起近日曲作，姜夔从袖中摸出一卷《圣宋铙歌鼓吹曲十四首》手稿。杨万里兴致盎然，展卷细读了起来。这不仅是一卷乐章，还有对礼仪乐器的改进提案，提出大晟府乐器的编钟、玉磬、大小埙箫、长短笙竽，要和江南的丝竹合拍的改革建议。

提案说，不仅大晟府乐器要改良，丝竹也要改柱张弦，配合大晟乐器。音乐的演奏，要“金欲应石，石欲应丝，

丝欲应竹，竹欲应匏，匏欲应土（埙）”，各种乐器还要和黄钟之声相合。

杨万里看后大声叫好，他当即要姜夔重抄一份，由他提呈尚书省，上奏宁宗。姜夔临告退时，杨万里言辞殷切：“老夫垂垂老矣。这盛世乐典的振兴，不仅是京城杭州的文化兴盛，也是华夏文化的一统，全赖你努力了！”

宁宗为人仁厚，临朝听政，比较开明，看了姜夔的提案，相当欣赏，当即批交礼部，遵照改革；并提出今年的省试，破格让姜夔参加。可惜，精通音律的姜夔，并不擅长礼部省试的策论，最终还是名落孙山。

在杭城的姜夔，由于张氏兄弟的赞助，衣食无忧。再说，杭州对外来士人的安居政策历来不错：外来者“若住屋，则动蠲公私房赁，或终岁不偿一镮。诸务税息，

〔南宋〕佚名《歌乐图》

亦多蠲放，有连年不收一孔者，皆朝廷自行抱认”。

“蠲（juān）”是免除，“镮”与“孔”指铜钱。也就是说，落户杭州的士人，不少的税赋能得到免除。每年正月初一，官家还会连续三日发放租房补贴。怀一技之长的，更有优惠。家境差的，只要街坊里正上报，朝廷可“买单”部分生活费。

此话是周密的“自媒体”说的，可信度极大，也是杭州在较短时期内人口超百万，成为大都市的缘由。当然，姜夔来杭州时，这都城已从物质生活的富有、精致，提升到了对精神生活的追求，更多了音乐词曲的普及。连一般的店家，都雇了艺人竞唱词曲，招徕客官。

那时候，杭城有瓦舍二十余处，相比杂艺、杂耍，一些吟唱词曲的勾栏，更受文人雅士的青睐。尤其归修内司掌管的城内瓦舍，受教乐所影响较大，演唱雅致，要是能唱几首姜夔的新曲，那更能受人欢迎。一到年底，府尹也会挑些“整洁”的优伶到和宁门外侍候，随时等待被宣入内宫。只要唱得龙颜大悦，优伶被收进大内都有可能。

因为有了姜夔，那时杭城的词曲品位又提升了一个档次。

4. 传世乐典耀杭城

一年一度的仲秋，官家酒库开甏呈酒的日子又到了。这一天，张镃、张鉴邀了姜夔、钱希武来到大街坝头的三元楼酒家，在二楼临街的敞窗旁一边小酌，一边等候观看呈酒巡游。

这是官家酒库的开甏日，各库都要挑出一甏酒来，到府署前（今河坊街旁旧仁和署）排列整肃，让府尹和诸位宿老开甏品尝，决出名次。

开甏品尝以后，十二座官家酒库的十二甏样酒，在头名甏酒的引导下前呼后拥，浩荡东行。到了大街，再一路北行时，更是载歌载舞。最终过众安桥，东拐，到延定坊的鹅鸭桥街东北首（今楚妃巷一带），在春风楼北酒库门首结束。

坝头的三元楼酒家，门前街面开阔，呈酒巡游的社火表演，往往好在这一段腾跳鼓吹，即兴大作。当姜夔、张镃、张鉴、钱希武进入酒兴时，街上等候观看的士民，也已经登高占地，热闹开了。

这钱希武不得不说，其父钱良臣是孝宗时宰相一级的人物。钱希武虽没他老子那种文曲星的才华，但在杭城的刻印出版界，名声不菲。仅棚桥北侧的睦亲坊钱宅书铺，就拥有刻工、印刷工数十名，刊印名人诗赋词曲、笔记小说，著名一时。张镃、张鉴邀他小聚，也是借了看巡游的名头，想托他精心刻印姜夔词曲集子。

张镃现在已经是京城文艺圈中的大腕了，杨万里有诗赞张镃说：

尤萧范陆四诗翁，此后谁当第一功？
新拜南湖为上将，更差白石作先锋。

“尤萧范陆”，指南宋诗词四大家，尤袤、萧德藻、范成大、陆游。当然，这只是杨万里的说法，或许是杨万里不好意思将自己列于其中。一般认为南宋诗词四大家是尤袤、杨万里、范成大、陆游。但不管哪一种说法，他们都垂垂老矣。“此后谁当第一功？新拜南湖为上将，更差白石作先锋。”“南湖”指的就是张镃，因为“张园”的另一个别称叫“南园”，也叫“南湖园”。可见，姜夔与张镃在当时南宋的诗词圈中，都属于领衔的人物。

那日喝的是“内库流香”，宫廷用酒，醇馥绵长。几杯落肚，张鉴说：“我兄弟俩想出全款委托钱氏书铺刊印《白石道人歌曲》。此书收有尧章兄标注了乐曲工尺谱的《铙歌十四首》，还有经过尧章兄整理并标注出曲谱的越地古曲《越九歌》十首，需要贵铺调派刻工高手，注以精心，务必确正啊。”接着又说：“这书刊印以后，所售之资，全由尧章兄所得。”

钱希武一听，也顾不得一旁向张鉴、张镃作揖致谢的姜夔，举杯说：“两位兄长如此看重小铺，小弟定将全力以赴！”他晓得，凭张氏兄弟的财力，哪怕一次刊印五百册（再多印，刻板的清晰度可能会下降），所出费用几乎就是九牛一毛。况且都是诗词同人，能让姜夔的歌曲唱响杭州，流传后世，功德无量。

这时候，巡游的《琵琶仙》曲调，从大街南首悠悠扬扬传来，队伍也徐徐出现。当先，是一位壮汉，双手握一杆三丈高竹竿，上撑白布一块，书写了临安府尹题的开甏品酒第一名：西子库丰乐楼高手酒匠。

壮汉的后面，是各式鼓吹弹奏乐器的人，领先吹唢呐的汉子，鼓红了腮帮。乐队后，十二辆独轮车上，十二甏酒由彩带牵引着。当头一甏，披红戴花，是西子库丰乐楼的头名“状元”。

那竹竿上的白布，泼刺刺飘动，几乎贴在了二楼窗前。鼓吹弹奏的也换了《浣溪沙》曲子，姜夔当即用筷子敲打酒盅，依曲唱了起来。

窗下，各式社火过来了。当首是七人七马的抬阁，称“阴山七骑”。人是真扮，马是假做，高低错落，动作不一。在这些故事人物的衣物内，虽然有藤圈铁柱托着，那一张一弛，也不是一天半歇练就的功夫。“阴山七骑”是按诗人李石题的画幅创作的，说的是汉朝大败匈奴的故事，多少也有时人打败金兵收复失地的愿望。

“阴山七骑”后的“小儿竹马”“蛮牌狮豹”“胡女番婆”等抬阁，就供人一笑了。这些由京城中最受追捧的窦四官人、离七官人、东西两陈九郎等艺人扮演，虽然戴了面具，画得狰狞，但观看的士民，还是从他们铆足劲使出的解数中，呼得出每一个艺人的名字。

社火后面，是骑在马上的歌女、伎人队伍，全城瓦舍和酒楼中的靓女几乎全征集来了。队伍分成三等：第一等清一色梳特高的发髻，髻上披金戴银，身披猩红大氅一袭；第二等一概五色彩冠，穿花裙；第三等戴单色冠，穿衫子。为了便于乘骑，这些伎人与平日不同，个个穿了子裆裤。

宋时，淑女、士人的裙裳内，也有穿开裆裤的。骑马劈腿，穿开裆裤就不雅了。这一天，连街头“打野呵”的新来女艺人，一旦被挑中参加巡游，组织者都会无偿提供“顶冠花衫子裆裤”的。

巡游队伍一过，街拥巷堵的士民纷纷尾随，队伍更是逶逶迤迤。沿途的各家酒楼，无论公私，都将开甏的新酒，赠予在座客官，每人三盅。这三盅落肚，张鉴提出，张家在锡山有一处收入颇丰的田地，今日请钱希武为中人，要立据赠予姜夔，以作后生养老之用。姜夔闻言，一揖到地，他说：“平甫兄，我并没有竭诚为你兄弟做过什么，如此厚赠，决不能受！”

那日，回到寓所的姜夔，深感张氏兄弟的厚谊，将感慨写进了《姜尧章自叙》中：四海之内，我的知己并不算少，但能让我在困惑和无聊中有精神的依靠，有创作的振奋的，唯有张兄平甫！“其人甚贤，十年相处，情甚骨肉。”

嘉泰二年（1202），姜夔年近半百，钱宅书铺刊印的《白石道人歌曲》上了市，几天内卖得一本不剩。世事难料，喜悲紧随，这一年，张鉴突然病故。

姜夔悲恸得一蹶难振，终日“惘惘然，若有所失”。想起张鉴赠予田产的话语，姜夔明白，张鉴早晓得有病在身。这让重感情的姜夔如魇在胸，无法释怀。他每一次去张鉴府邸，见到张鉴的幼子，哀痛顿起，留也不是，

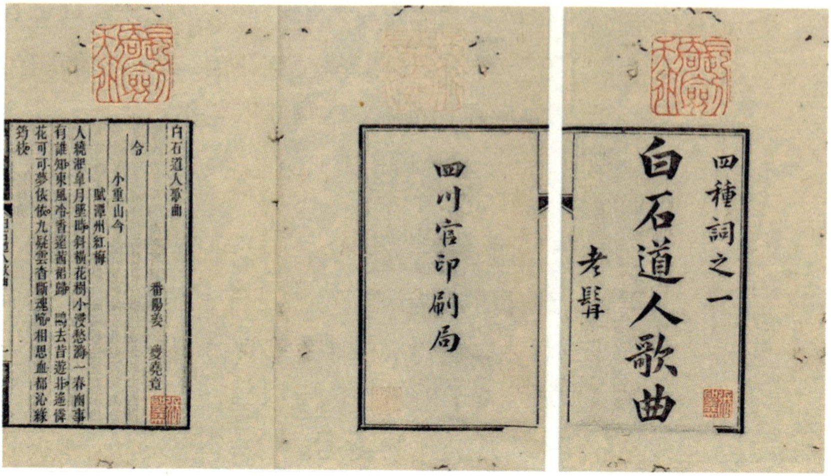

〔宋〕姜夔《白石道人歌曲》书影

走也不是，逡巡而归，连告别都不忍心了。

多日以后，姜夔在夫人萧氏的劝慰下稍稍平息了悲哀，没想到，倒霉的事又紧跟而来。张鉴走后的第二年，东青门外城东厢发生大火，烧了姜夔的宅子。“火老鸦”又吹过城墙，烧进城内。从北往南，仅一个多时辰，大街的木板楼房，“火烧连营”到了六部桥。多亏修内司搭拆兵的奋力，火才扑灭。

钱宅书铺的书籍、刻板，也在这场大火中化为灰烬。好在流出杭城的《白石道人歌曲》，作为范本在各地多处重刊，才留存后世。这词本中的工尺谱，也成了后人研究宋词曲谱的珍贵史料，使南宋杭州的音乐辉煌，能忆能叙。

5. 问逋仙今在何许

姜夔有《念奴娇·毁舍后作》，述说大火后他对杭州依然深情。好在他的“情事”没有全部“空切”，仅半年，劫后的大街又修葺一新，繁华依然。张镃也在临近大街的三桥街中，为姜夔一家找了闹中取静的宅子，安顿了下来。

没料到，不顺又来了，张镃卷入了“诛杀韩侂胄”的大案。虽然险情迭出，“杀韩”成功，不过，张镃毕竟不像他曾祖父张俊，见过腥风恶雨，老于世故，什么都玩得转。没多久，他与权相史弥远反目为仇，被贬官外放了。

好在张镃贬去不远的安徽，还是顺水常来杭州。他将部分张园改成了寺庙，除了用于对祖先的祭祀，还告诉子女，这寺庙也要祭奠那些“冤亲”的亡灵，也就是那些曾经和张家结下了冤孽的亡人，以及逝去的亲人。或许，这些亡人中包括被他曾祖父陷害的岳飞，张镃心怀愧疚。

张镃怕杭州失去词曲大腕姜夔，将其托付给远房兄弟张彦功。瘦死的骆驼比马大，张镃耗着钱财还想和史弥远扛劲儿，但他又一次失算了，被史弥远流放去了象州（今属广西）。没想到，张镃这一走，终生没能回到杭州。

张镃走后，姜夔一度闭门不出，郁郁寡欢。他也去湖州、扬州住过，最终还是舍不得杭州，舍不得西湖，到老住进了钱塘门外水磨头附近，一处有着不错田园的方氏旅馆。这是姜夔在杭州的最后一段日子，他最常去的，是铁冶岭上的张彦功府邸。

张彦功时任修内司教坊使，掌管乐工。在词曲音乐上，姜、张两人趣投意合，常借了酒兴，谈到张灯。姜夔对词曲的一些建议，也使得当时教坊的词曲演唱更加精益

求精，成了整个南宋的音乐范本。

张府的“高斋”楼阁，建在最高处，登高望远，极妙。尤其秋高气爽，俯瞰西湖，以及南北两峰，如揽胸襟。那一日，姜夔与张彦功在“高斋”喝酒到了微酣，正是上弦月高高悬挂半空的时候，天上繁星如金似银，湖面水波涟漪泛亮，群山更似丹青泼墨，姜夔词兴大发：

“虚阁笼寒，小帘通月，暮色偏怜高处。树隔离宫，水平驰道，湖山尽入尊俎。奈楚客，淹留久，砧声带愁去。”这是上阕，填的是《法曲献仙音》。

“虚阁笼寒，小帘通月”，可称得字字对称。“高斋”阁楼，透过帘子，不仅有秋寒袭来，更有月光透入，姜夔对高阁真是特别地垂爱。树丛隔开的离宫（清波门外皇家聚景园），有笔直的御道，它们和秀丽湖山一起，

“双峰插云”是南宋“西湖十景”之一

融入到了席上的酒樽和高盘之中。锦绣如此，我一个“楚客”（指屈原，也泛指流落他乡之人），愿湖边的捣衣声能带走我内心的伤感。

下半阕的“问逋仙、今在何许？象笔鸾笺，甚而今、不道秀句”，是姜夔对孤山林逋的遐想，哪怕象牙毫笔，秀美彩笺，谁能道尽杭州的美轮美奂！

这是姜夔对杭州的最后一次吟唱，“外来”的他，已经融进了这一片土地，难舍难分。不久，姜夔病卒。友人们将他葬在钱塘门外马塍花圃一旁，让姹紫嫣红的四季花卉，永远陪伴着这个唱响过杭州的词曲大家。

赘言：

本章借秋色之丽，以姜夔命途多舛的词曲人生，写出杭州往昔的音乐之盛，以及“新杭州人”对这座艺术之城的付出和情感的眷念。

姜夔等文人雅士，使得南宋中后期的词坛辉煌一时。这不仅是历史文化名城杭州璀璨的词曲音乐的鼎盛时期，也是宋词发扬光大和承前启后的关键阶段，更是一座文化之城不可或缺的意蕴所在。

这也是杭城人文精粹的所在，后世如夏承焘先生能还原类似《鹊桥仙》的词调，让一座城市的文化沉淀得以焕发，正是得益于姜夔为造就一座城市的音乐品质所留下的不朽华章，以及宋词在杭城的深远影响。

音乐文化，正是这座品质之城最美好的一部分。

参考文献

1.〔宋〕周密：《齐东野语》卷十二，载文渊阁《四库全书（子部）》本，第 86 页；同书卷二十，第 64 页。

2.〔宋〕吴自牧：《梦粱录》，浙江人民出版社，1984 年，第 1、3、12、13 页。

3.《宋史（上）》，载上海书店编《二十五史》第 7 册，上海古籍出版社，1986 年，第 408 页。

4.〔明〕田汝成：《西湖游览志余》，浙江人民出版社，1985 年，第 157—159 页。

5.〔宋〕四水潜夫：《武林旧事》，浙江人民出版社，1984 年，第 96 页。

6.〔宋〕姜夔著，陈书良笺注：《姜白石词笺注》，中华书局，2015 年，第 149—276 页。

7.〔宋〕姜夔：《白石道人歌曲》卷一，载文渊阁《四库全书（集部）》本，第 1、7 页。

8.〔清〕高鹏年：《湖墅小志》卷一，载孙忠焕主编《杭州运河文献集成》第一册，杭州出版社，2009 年，第 382 页。

冬天：桂花炒栗子飘香的日子

绍兴二十四年（1154）的礼部省试，陆游和张孝祥、杨万里一样，也是兴冲冲地参加了。到了发榜日，榜单上却不见了陆游姓名。一打听，才晓得去年秋他考试得名第一，“压”在秦桧的孙子秦埙之上，秦桧恼怒。这一次，陆游就算考得再好，也不会有名字出现在榜单上。

好在一年以后，秦桧一命呜呼。绍兴二十八年（1158），陆游这个会稽山阴的才子，入了仕途。他几经辗转，当上了敕令所八品删定官。34岁的陆游踌躇满志，做事更是勤勉，得到了高宗赵构的赏识。绍兴三十二年（1162），陆游升任枢密院编修官，还被孝宗赵昚赐予了进士出身。

自小从中原颠沛到南方的陆游，念念不忘北土，一有机会就好当众发声，这让大权在握的主和派很不爽，你对图北那么有兴趣，干脆外放到前线去吧。陆游（1125—1210），字务观，在四川时，为了回应主和派说他“狂放”，自号“放翁”。

从那以后，陆游一直在边地任职。一次因“擅自”开仓赈灾受到弹劾，陆游回了山阴老家抱孙子。直到淳

陆游像

熙十三年（1186），62岁，他才听调回到了京城杭州。

陆游的调回，全在于孝宗皇帝的惦记。这年，陆游被任命为严州知州。

1. 杭城处处园林好

当然，让日理万机的皇上能记住一个小小官吏，也全在陆游的文才名冠一时。临去严州前，孝宗在延和殿召见陆游说："爱卿啊，严陵山青水美，公事之余，你可多多前往游览赋咏。"

陆游心里敞亮着呢，这孝宗皇帝是在开玩笑。严州

（州治在今梅城）风光确实不错，是富春江、新安江、兰江这三江汇集之地，也是扼守京城杭州的畿辅要地，孝宗其实不是让陆游去游山玩水、写赋咏诗的。

严州临江，但多山地，早在称“睦州”的时候，民风彪悍，本朝的太祖、太宗都在那地屈身沉潜过。方腊起义，也以睦州为“都”。据说，徽宗认为睦州不睦，应该严治，改为严州。这一“睦”一“严”，足见知州的责任之重。

好在陆游在严州两年，治理有方，所辖六县，政通人和。两年后，陆游奉调回京，擢升为军器少监，掌管兵器制造与修缮。从第二年（1189）孝宗退位，禅让给儿子赵惇来看，任命陆游为军器少监，也是念念不忘北土的孝宗，在布一颗“北伐”棋子。

淳熙十五年（1188）初冬某日，当晨雾纱帘般地渐渐褪去，回杭的陆游已坐船在富春江的途中了。两岸满山的树叶，赤橙黄绿紫，五彩缤纷。陆游想起一生的颠沛，心中也如山景树林，各色皆具。

当太阳尚未完全落尽，陆游顺风顺水地到了江干白塔，上得岸，骑上心爱的大白马，嘚嘚进城。这是一匹南方难得一见的白马，乾道七年（1171），陆游跟随川陕宣抚使王炎，上抗金前线，马就随着他了。此后，大白马始终没有离开过陆游。这一次，马也从严州一同坐船到了京城杭州。

杭城依然是街市铺席骈盛，市河行舟辐辏。大白马过了朝天门（今鼓楼），一首《初到行在》从陆游口中吟咏了出来：

六十之年又四年，也骑瘦马趁朝天。
首阳柱下孰工拙，从事督邮俱圣贤。
笔墨有时闲作戏，功名到底是无缘。
都城处处园林好，不许山翁醉放颠。

陆游用了周武王平殷商，商朝老臣伯夷、叔齐决意不吃周朝俸禄，进了首阳山的典故，同时也在说自己。为呼吁北伐，他被主和派放逐在川陕山间。年纪不饶人啊，眼看这园林似的京城杭州就在脚下，就是有了马，陆游也不能像年轻时那样借醉“放颠”了。

空气中弥漫着糖炒桂花栗子的香味，街头巷尾支起了大炒锅，光膀子小厮正挥铲在沙沙地炒动。这一年一度的桂花栗子香和远远近近的丝竹声，依然是这都市盛世的应时气息。不过，陆游还是不愿称这繁华杭州为“京城”，他只称是“行在”。他始终认为，大宋的京城要北归，这只是暂栖之地。

到了馆驿，陆游换一身浅紫色道衣外衫，戴浅灰色巾子，趁着天未黑，走三桥直街，出涌金城门，去看思念已久的西湖。

当浩渺湖水就在眼前时，陆游感慨万分。岸边的柳叶尚没有完全褪去绿意，大朵的菊花正竞放在绿丛中。亭台楼阁，依旧有琴弦鼓笛；暮色西湖，仍然是百舟竞渡。

和北方郡县相比，这里没有风沙，少有冰雪，温柔妩媚，这让陆游又涌出诗意来：

出涌金门一黯然，初来犹是绍兴前。
都人百万今谁在，惟有西湖似昔年。

陆游想起小昭庆寺（即南山昭庆院）的僧人了文，27 年前陆游担任枢密院编修官时，了文常常陪同他检视郊庙坛壝（wéi，祭坛的墙）。那时，了文还不到 30 岁。

陆游沿湖岸南走，过清波门，到了净慈寺附近的小昭庆寺。这是一座与北山大昭寺同名的小寺院，为五代长兴三年（932）吴越国王所建。时人张孝祥还为寺院里的白衣观音作过偈语。时正门已关，陆游从旁门进入，里面依然香火旺盛。众僧人正在主殿中起落跪拜，做着晚课。陆游问一边打杂的僧人，才晓得了文已经过世，唯留一张遗像挂在寺院中，不禁感慨道："曩岁曾陪夜讲灯，伏犀插脑齿如冰。假令重见应难识，遗像癯然一老僧。"

离开小昭庆寺，陆游心里念着物是人非，竟然又绕回涌金门外，便径直朝北走去。过了玉壶园，未见大昭庆寺巍峨的殿宇，此地已改为策选锋军教场，不闻喃喃念经声，只听得圣塘闸那通往下湖的流水在他耳边哗哗作响。

天色已黑，陆游返回城内，走的是钱塘门直街。这街两边多锡箔铺，敲打锡箔的匠人，半裸露上身，一手锤子，一手锡锭，"啪啪"有声。锡锭在他们手上，渐渐成了比纸还薄的锡箔。走近了，发现捶打声让店门外那些五色缨穗的月色大灯笼，也颠簸出了一地的光波。

车桥边有一家门额是"锦仙"的店面，让陆游眼睛一亮，这不是自己题的匾额吗？是的，这是一家卖五彩金鱼兼鱼食虮虾的店。这都市，店家都懂得打文化牌的好处，不少匾额出自名家高手。

没多远，一家酒楼又出现了陆游题的匾额——"蓬莱春”。记得那日，陆游是酒后醉笔，题匾后又去西湖放生白鸥，湖边有人正在栽种柳条。如今，那柳条都应该长成能系船缆的大树了吧，陆游感慨：“归踏长安道，怳然皆旧游。处处见题名，始惊岁月遒。西湖隔城门，放浪输白鸥。当时见种柳，已足系巨舟。”（《还都》）

西安的长安大道，中原的繁华之最，陆游以此形容杭城盛况，一路叹惋岁月的匆促。陆游很晚才回到馆驿，没想到张镃正在翘首等待。陆游任枢密院编修官的时候，张镃曾拜他为师，深研诗词。张镃一见陆游到来，长揖道：“先生，学生刚从湖州归回，迎接来迟。”

2. 春色涌动的腊月夜

众安桥与观桥之间的保和坊砖街巷，东西向。陆游的“小楼一夜听春雨，深巷明朝卖杏花”，就是在这砖街巷居所写的。

御驾去景灵宫冬孟祭祀以后，观桥往南的大街上，暮色后的灯笼就开始日盛一日了。酒楼茶肆的箫鼓，也一夜比一夜多了花俏。平日大门不出的妇人，靓衣翠鬟，

小楼一夜听春雨，深巷明朝卖杏花

也如祥云一样飘了出来。据说，乾道年间的某次冬孟祭祀以后，孝宗到太庙一带观灯买市，更是撩起了士民夜游的激情，他们指望撞彩，能和皇上相遇。

其实，这几日的灯彩并不出众，孝宗观灯是虚，要说逛市，倒是更真切一点。你看，御驾前的那一辆铺了锦帛的平车，堆了一垛垛制钱。孝宗在銮车花阑中，一路“宣押市食”，也就是低声一句“要某物”，内侍便用独特的尖细声“歌叫”起来：“鱼龙船儿一双！”掌管支付的内侍赶紧上前，按价付钱，还额外给店家打一点赏。

和宁门外不少店家，来自旧京汴梁，譬如李婆婆鱼羹、南瓦张家团子，孝宗都一一驻步，赏钱“买市”。御驾能如此行幸眷顾，也让北来的人好生欢喜。

腊月到了，糖炒桂花栗子的飘香还没淡去，年的气息越来越浓，陆游也常到猫儿桥西堍走走。这一带地面开阔，店铺众多，有“春江水暖鸭先知”的热闹。一近掌灯时分，吃歌舞饭的人就在这一带忙开了。最初是鼓吹舞绾，一队一队耍舞，再巡游去了贵邸豪家，打打“秋丰”。

初更敲过，大街上的十三处歌馆，也数猫儿桥西堍的几家会出花招。歌伎们总好站在歌馆外靓妆说唱，争迎客官。这一番热闹，总要到四更敲过才会逐渐消停。当瓦子舞场的“台柱”们回到羁舍，往往余兴未尽，又当街圈巷，跳起“街舞”。姜夔有诗赞曰：

灯已阑珊月色寒，舞儿往往夜深还。
只因不尽婆娑意，更向街心弄影看。

这时的陆游总会在初更没有敲响之前，返回家里。街坊邻居虽然已经关门闭户，但从窗户里依然透出灯烛，隐隐有胭粉飘香。不知谁家还在咿咿呀呀放歌，早有睡意的老人或许会被恼火，但陆游兴致盎然："近坊灯火如昼明，十里东风吹市声。远坊寂寂门尽闭，只有烟月无人行。谁家小楼歌恼侬？余响缥缈萦帘栊。"（《夜归砖街巷书事》）

这一天晚上，陆游没有去灯火灿烂的街市，而是去拜访了朋友，但早归依然是不变的规矩。"饮酒不尽觞，观棋不竟局"，年岁毕竟不饶人，熬不了夜，明日还要上早朝。"到家四邻寂，往往睡已熟。天香余袅袅，佛灯犹煜煜。"（《夜归》）

这不夜城的艳丽，让心怀北土的陆游，总会生出无名的惆怅。哪怕宴请中有"倚香肩"，"拥芳柔"，陆游还是难以打开心结。"宛是高堂馆。宝奁炷、麝烟初暖。璧月何妨夜夜满。拥芳柔，恨今年，寒尚浅。"（《夜游宫·宴席》）

陆游以唐朝诗人张籍《离宫怨》的"高堂别馆"一句，浇自己的块垒。恨暖冬之下的杭城，太过于美好，志士们如此身处箫鼓宴乐，忘了"漏声"中岁月的消逝，淡了收复失地的雄心，怎么办？

3．毋忘初衷

隆冬日子，天亮得特别迟，好在大街上一路灯盏通明。四更敲过，路上就有了上朝的轿子。那些来不及在家用早膳的，途中拣一些称心的小吃，打包了，到候朝房慢慢享用。陆游的牙齿大不如前，他偏爱喷香的糖炒桂花栗子。热乎乎买上一包，在候朝房中，用宽大的袖口挡了，剥一粒，往嘴里一塞，用不多的牙齿慢慢咀嚼。

和宁门候朝房和三品以上大员歇脚的丽正门候朝房相比，气氛轻松随意得多。陆游的桂花栗子香气，也让其他人直咽唾沫。到了后来，众人都跟风吃上了。大家边吃边聊，说杭州的冬天，这么多年，也只有绍兴七年（1137）时西湖才结过一次薄冰。

也说北方要命的严寒，某年冬天，赵挺之从温暖的杭州出使辽国，耳朵冻成了琉璃灯。辽主见了，赶紧叫人拿来药，抹在赵挺之耳朵上，他顿时觉得两耳热辣如同火烧。有人告诉他，要是没这药，他的耳朵会断裂堕落，还不出一点血。

一说起北地，陆游就难忘初衷：报效大宋，收复失地！他想起父亲陆宰在北方为官时，被金兵南逐的颠沛与耻辱。虽然这只是儿时听说的，但收回北土，始终是陆游放不下的心结。

夜食炒栗有感

齿根浮动叹吾衰，山栗炮燔疗夜饥。

唤起少年京辇梦，和宁门外早朝来。

五更敲响了头声，这要是仲夏，大内早已一片晨曦。高大巍峨的宫殿，画栋雕甍，龙凤飞骧，光彩溢目。但冬日的此时，大内仍在一片灯火之中，宫城守门的阍门催班吏，高声喊道："那行！"这"那"，近似"糯"音。禁军中的北方口音渐渐少了，唯有"那行"，还是沿袭旧音。是啊，满朝文武，陆游也只认识执宰周必大，连吏胥中也无一个旧人，有谁还会将北土牢记在心？

某日出嘉会门赴南郊斋宫时，鼓乐响起，陆游腹中的诗又脱口出来：

客游梁益半吾生，不死还能见太平。
初喜梦魂朝帝所，更惊老眼看都城。
九重宫阙晨霜冷，十里楼台落月明。
白发苍颜君勿笑，少年惯听舜韶声。

“舜韶”就是《韶》乐，传说是虞舜所作，陆游第一次上朝听的就是这曲。旧时的夙愿，又腾起在了心中。

又一日早朝，大内侍又起唱喏：“有事一一上奏，无事早早退朝！”礼部郎中兼实录院检讨官陆游，走出了班列。自从孝宗禅位给了光宗，陆游晓得，这北伐是越来越没戏了，但他仍不死心，还是出班奏道：“腊月将尽，元旦在即。值此佳节来临之际，老臣陆游，还望圣上慎独多思，为恢复北土，广开言路。”

“慎独多思”这话，正刺痛了缺少主见的光宗赵惇，因为他凡事好听皇后李氏的。这李氏是一个武将之后，为人霸道，事事僭越。陆游这话，赵惇几次听过，这一次，终于憋不住了，脸上愕然变色。好奉迎的谏议大夫何澹见此，出班奏道：“陆郎中，说什么‘慎独多思’，你晓得此议不合时宜吗？”

陆游也是三起三落的人，并不在乎何澹的反对，继续侃侃陈述：“不忘北土，这是先帝之嘱，我等岂能忘而弃置！你这何澹，谏议是你的本职，迎合谁不会？”

杭州再好，毕竟是“行在”啊！退朝以后的陆游，不禁凄然自言。

4. 绽放在正月里的繁花

小年夜，陆游喝了一点小酒，出门看灯去了，这多少也减轻了一些内心的不快。

外郡诸县，哪见过如此的璀璨：有开关的纸灯，沿了青石板滚转；有称作“火杨梅”的甩灯，用红枣肉和炭屑黏合为团，一截活动铁丝系上细绳，点燃后任孩童挥舞；还有玳瑁、犀牛角做的剔透挂灯，五彩琉璃珠为网罩的珠灯，皮影戏手法做的皮灯，丝绸织品做的罗帛灯，满街满檐。

有一种近似琉璃的无骨球灯，制作时先用绢囊装满粟米当作内胎，然后在外面涂上一种“敷料”，入炉烧制。烧成以后，粟米从下方小孔中取出，这灯浑然如同琉璃球。不过，那“敷料”究竟是什么，手艺人秘而不宣。

中瓦门前有大屏灯，一人多高。往灯中灌水，灯芯转动，灯内的人与物也就动了起来。这大屏灯有两盏，左边饰的是“汴梁御楼”，右边扮的是“武林灯市”。这一看，又让陆游想起沦陷的北土，什么时候那一片故土能像临安城一样繁华如锦、士民安乐？

正月初一的晚上，四乡来了舞龙队，几乎占了武林门到嘉会门的十里大街。从这一日开始，每一夜，临安府尹都要差官点视，还要按舞龙队的规模，发放酒钱和油烛钱。

五更前舞龙队清场，府尹又亲自出马，督促“买市”，也就是将票面不大的楮券（纸钞），分给舞龙队的头儿，作为清场出城的手段。这一种吏治的温柔，官民皆喜。有脑袋转得快的，拿一盘切片的水蜜梨，挤入人群中，往支钱的吏魁嘴里塞。人多啊，挤得热啊，吏魁一高兴，抓一把楮券，首先给他买了“市”。

五更后，城外人一走尽，街巷中就是另一番景象了，姜夔有诗形容说：

游人归后天街静，坊陌人家未闭门。
帘里垂灯照尊俎，坐中嬉笑觉春温。

这时，从棉门帘的缝隙看进去，堂前祭祖的红烛依然高照，供品鲜亮。一家人正围坐了，嚼着“消夜果儿”，笑意盎然。这杭州话“消夜果儿”和“消闲果儿”之说，透出的正是生活的闲适。

贫家也有早睡的，这一夜，不少富家会派人将碎银包了红纸，趁黑投进贫家窗里去，让贫家一早有一个“开门大喜”。也有发放棉褥、食盒券的，趁黑塞进贫家门隙，可去某店提取。济贫，不让受者有愧疚之意，是这座崇善之城久有的一种道德品质。

也有小灯照路的拾遗者，称“扫街”。他们一拨一拨地打着灯笼，低头细觅，找的是妇人发髻与腕上落下的“遗钿堕珥”。后来杭州人说“拣落地道儿”，应该就是这一种“道”的沿袭。虽然拾者自得并不合适，但也是城市曾有过的繁华的写真。

最红火的是正月十五闹元宵，陆游早早吃完晚饭，携小厮上了街。那小厮是山阴人，一到大街就觉得眼睛不够用了。仅仅冠巷（即官巷）口一段，那一连二十四个扎成花旦一样的彩灯，花旦戴花朵佩饰、珠翠头冠，衣装艳丽，腰肢纤袅，真妇人一般舞动起来，看得走路的小厮连连撞人。

家家灯火，处处管弦，东家用毛竹搭起了彩灯山棚，西家邀请友人一起吹弹笙簧琴瑟，欢歌起舞。只听文锦坊的西面，也就是后市街那一段，突然欢声四起，叫好一片，那是“闹竿”正火热的时候。

陆游赶紧过去，只看到近百支竹竿被人高举，竹竿顶上，挑了五彩缤纷的各种花篮灯笼，随着唢呐锣鼓，舞竿人将竹竿或肩背或头顶，做出各种高难度动作。有诗赞道：“灯光渐比夜来饶，人海鱼龙混暮潮。月照梅花青锁闼，烟笼杨柳赤阑桥。”

元宵的晚上，万人空巷，全在大街上了。

5．一如蓬莱琅琊的七宝山

过完了绍熙元年（1190）的正月，尚书省下来札子，陆游因当殿“嘲咏风月”，被免去礼部郎中兼实录院检讨官。陆游一笑了之，这种不着边际的“罢官”之名，也是官场常态。不就是“嘲咏风月”吗？干脆，陆游在自家宅门上题了“风月轩”三字，当起了“宅男”来。

转眼，陆游70岁了，也就是绍熙五年（1194）六月，家中来了几个客人。为首的一位，鹤发童颜，是个道长，自称是七宝山宁寿观知观事邵道俊，号冲素处士。

七宝山在吴山之中，云居山之东，宁寿观本称三茅堂。“三茅”，也就是秦汉年间得道成仙的茅氏三兄弟，后世尊称“三茅真君”。三茅堂原藏有四宝：玉靶剑、七宝数珠、轩辕镜，还有吴道子的《南方星君像》。

“三茅真君”后来被宋徽宗赵佶画成了一尊，这皇帝老儿好书画，一高兴，还将画像赐给了三茅堂，供奉了

三茅观遗址

三茅堂

起来。

绍兴二十年（1150）十月初冬，边境战事一消停，高宗赵构又记得道教了。他下旨，将三茅堂改为宁寿观，又赐予（刘）宋鼎、唐钟，以及唐朝宰相杭州人褚遂良写的小字《阴符经》。还委派了知观事，并责令近侍负责观中的法器配备。

为啥这么重视道观？说来话长。宋朝开国，尊奉道教，但要说到将道教发扬光大的，还数神宗。那年王安石搞变法，顺便搞了一个“道观制”。按《燕翼诒谋录》说法，这“道观制”就是“修理”那些对“新法”有异见的高官。对于异见高官，若逐出朝廷，动静太大，所以先委派到道教宫观，给一个“知观事”或“提举”的头衔，称之为“优老”，也是“奉祠”的一种。

宁寿观和后来的佑圣观，在高宗的手上重新整修了。不过，这两个道观倒并不是“修理”高官用的，只是在仁寿之城杭州的碧瓦梵宇中，又多了两处禳解灾殃的祈福之地。

宁寿观知观事邵道俊这次来到陆宅，是请陆游为宁寿观题写碑文。他说：“务观老前辈，您可真称得上是四朝元老，诗文又著称天下，还知晓绍兴年间改建宁寿观的往事，最能担当得起碑文传示后世的重任。”

邵道俊这么又高仰又恳切地娓娓一说，“只谈风月”不愿“出山”的陆游只得点头应承了。不过，陆游倒不是为了迎奉去唱偏安的赞歌，他晓得，从绍兴年间过来，能在当朝应答的廷臣，如今还真没有了。自己要是真能以宁寿观碑文，来浇心中之块垒，将碑文留于世上，也不错。陆游说：“这等大事，容我静思几天。”

这一日，陆游乘轿上了七宝山，到了宁寿观。这道观，筑得也奇，正处在一道山坞的高处，却又是两山之间的低洼。往南，拱矗着皇城的九重宫阙，从两山对峙间远远望去，是滔滔之江，浩浩瀚瀚，阳光下熠熠生出鱼鳞似的光辉。北望，也是两山对峙，从中能看见“三潭”那一片水域，烟波缥缈。那是西湖中最美的一处岛阁与堤桥相间的风景，俯视远望，让陆游飘飘然如同天人。

陆游一生漂泊，见多识广，见了这一幅画中才有的道山蓬莱、仙境琅琊，还是有点难抑激情：我大宋虽然风云变幻，“迹有显晦”，但三茅真君一直在保佑着“行在”这一片仁寿之域！山河的一统，一定指日可待。

陆游捋一捋花白胡须，踱步酝酿起了《行在宁寿观碑》文，其铭曰：

炎祚中否开真人，以大誓愿济下民。左右虚皇友三真，坐令化国风俗淳。乃营斯宫示宿因，丹碧岌嶪（jí yè，高峻）天与邻。神君龙虎呵重闉（yīn，瓮城的门），鲸钟横撞震无垠。锦幡宝盖高嶙峋，天华龙烛昼夜陈。历载九九符尧仁，超然脱屣（xǐ，鞋）侍帝晨。遗泽渗漉万宇均，岁丰兵偃无吟呻。咨尔众士严冠巾，以道之真治子身。服膺圣训常如新，冲霄往从龙车尘。

碑文说，大宋中道衰落之时，因为出了真人（高宗赵构），还有三茅真君的佑护，国风日趋淳厚强盛，所以营造出了这座与天为邻的高峻宫观。三茅真君守护着杭城，大钟横撞，响彻四方，锦幡宝盖、天花龙烛列在殿堂，这是尧舜仁政的祥瑞征兆，让我们在晨光中有侍奉天帝仙官的虔诚。如此的恩泽天下，才能偃武修文，民无呻吟。但愿你们整肃自己，以道治身，接受圣训，时时重温，以冲霄的胆气去追随圣驾车尘！

从绍兴八年（1138）南宋定都杭州到陆游写这碑文，五十六年了，皇帝都换了四个，耿直的陆游还是念念不忘北上，赫然在碑文末尾推出“冲霄往从龙车尘”。

糖炒桂花栗子再次飘香时，陆游的《行在宁寿观碑》一竖立，为万人所咏。

6. 幽静胜地洞霄宫

庆元六年（1200），76 岁的陆游在山阴老家养病。

山阴县，以前是会稽郡的郡治，会稽郡在秦朝就是全国三十六郡之一，人杰地灵。后来的杭州，都是它的辖地。会稽郡后又改称吴州、越州，其间多有反复。唐肃宗时复为越州，会稽郡遂不复存在。

建炎四年（1130）夏，金兵撤离江南后，高宗赵构又来到越州，第二年（1131），改年号为“绍兴”，有“绍祚中兴”，匡兴宋室的意思，越州遂改称绍兴府。

赵构由绍兴迁来杭州，是绍兴二年（1132）。都说“杭州萝卜绍兴种”，宋室迁徙只是起因，杭州人后来增多，也大多来自绍兴府。

为此，杭州也多绍兴元素，方言尤甚。譬如说“葳（wēi）”，《康熙字典》释义：“葳蕤草，一名丽草，又呼为女草，江浙呼为娃草。”因为贱生，易长，绍兴人称小孩不娇气，好养，说 wēi 说 wāi 都有，老杭州人也这么说。

还有“藁（今作稿）”，本意是秸秆乱草。《警世通言》第二十五卷，说绍兴人桂某当年潦倒，占人便宜，

洞霄宫（20世纪30年代）

后来富甲一方。但他对恩人的孤儿寡母前来投奔，“却也腹中打藁”，想不好怎么打发？这“藁”，在杭州话里有七上八下的意思。

类似的还有，称菜肴的“嗄饭”，靠两脚行走的“趒（tiào）”，为生计奔逐的“趁”，骂人的“众生”，等等，不胜枚举。不过，对杭州人影响最大的，还是绍兴人的好学勤劳、知书达理、耿直淡泊。

陆游罢官十几年，不争不攀，耿直坦荡，淡泊度日。一日，家里来了三位远道而来的客人，他们是杭城西郊洞霄宫的葆光大师、宫都监潘三华，还有知宫事高守中、同知宫事水丘居仁。

一听这类官衔名，就知道其几乎是朝廷“知事”“同知事”的翻版。是的，这洞霄宫就是朝廷的一个“部”级单位。它和杭城说近不近，说远不远。绍兴初年，当洞霄宫的主事者被称作“提举”时，级别还要高。

有多高？文职担任提举的，是大学士上下，武职不低于节度使。可以说，在洞霄宫“奉祠”，是南宋最高的“优老”形式。这里也是一个待遇不减的“带职学习”“面壁思过”之地。

仅仅绍兴九年（1139），名为提举洞霄宫的，还有宰相一级的李纲、张浚、汪伯彦、朱胜非等八人。

三位客人先是寒暄一番，后来道出正题：“先生的宁寿观碑文海内扬名，这次学生前来造访，是请先生再次出手，为洞霄宫立碑勒文。”

陆游面露难色，他说：“承蒙看重，但陆某因病在身，无法担此重任。待身体稍好，必当应允。”陆游晓得，这洞霄宫毕竟和宁寿观、佑圣观不一样，水太深，他没有贸然答应。

让陆游想不到的是，嘉泰二年（1202），洞霄宫又来人了。他们是新一轮的同知宫事王思明，道徒李知柔、杭涛江。这王思明虽是晚辈，和陆游也有过师生之情的文笔交往。他恳请陆游前往洞霄宫，以立碑勒文，传于后世。这一年，陆游面对学生的一片诚意，只有答应。

从杭城去洞霄宫这日，虽然进了农历十一月，倒也风和日丽。出余杭门，车轮辘辘，一路奔西。北坡下，无际西溪，蒹葭苍苍，白芦茫茫，虽没有西湖北山摩肩接踵的游人，但幽静水景，也是士大夫们一处放不下的浪迹之地。再看南侧山坡，叶色斑驳，浓荫茅舍，和西溪芦荡一样，多隐居之士。

高宗赵构的亲娘韦氏，从金国返回杭城后，为感恩命运转折，祈祷天佑南宋，于绍兴二十五年（1155）拿出后宫费用，重建了洞霄宫的昊天殿、钟楼、经阁。

绍兴三十二年（1162），赵构禅位，退居二线当了太上皇。闲居德寿宫时，赵构想起洞霄宫，决定去玩几天。于是，山道再一次加筑，细沙遍铺，被人称为“辇道”。那是乾道三年（1167），进贡的膳食、用品，孝宗给太上皇的御书家信，整日来往于这山道之上。

陆游的车舆临近闲林埠，王思明说：“这闲林埠是唐朝的余杭县令张士衡告老还乡，‘闲居林下’而得名。先生，你别看眼下的辇道，车舆行得稳当，在早期却是山路颠簸，坐车舆不如从闲林船埠走水路来得便利。你看，眼下正是芦花飘飞之时，先生返回杭城时，不妨在此坐船，顺水而下，既快又稳。”

过了闲林埠，桑田满目，王思明指向西南，那远处半山中因阳光反射而泛出的璀璨之处，不无骄傲地说：“那就是洞霄宫。”这时候，车夫一甩马鞭，车舆南折进了一条山路，顺了宽阔的溪流，向山腰的宫阙奔去。

渐渐地，能看见沿了山坡建得逶逶迤迤的大殿、楼阁了。钟磬之声正从宫中悠悠传来，迎着陆游的车舆，渐渐响了起来。

王思明告诉陆游：“‘洞霄’一说，出自宫院后山壁上的一个大涤洞。这宫观本建于汉武帝时，旧名天柱观。大宋真宗皇帝时，一度毁坏的天柱观得到重修，改名洞霄宫。后来各位圣上多有赏赐。建炎年间，洞霄宫又毁于兵燹。绍兴二十五年（1155）重建以后，居我大宋的道宫之首。”

一个静僻得能让人潜心修道之地，仅一“霄”字，就让人看出它的远离尘世。陆游环顾高山峻岭上飘着祥云一般的白雾，又向西北眺望，稻禾收割后的一马平

洞霄宫大涤洞遗址

川，透出农家的平和。洞霄宫前那几泓山水，淙淙汩汩，汇成大流，潺潺向北，更是赐予稻禾的甘露。陆游感慨万千，碑文在他腹中油然而生，其铭曰：

在宋祥符，帝锡之书。乃作昭应，比隆羲图。元丰景灵，列圣攸居。元祐上清，以祝帝储。栋宇煌煌，焕于天衢。徽祖神霄，诞弥九区。迨我高皇，东巡于吴。眷言天柱，镇兹行都。警跸来临，神明翊扶。乃御幄殿，穆清斋居。天日下照，雨露普濡。迨今遗民，注望属车。三圣嗣兴，光绍圣谟。千础之宫，骞腾太虚。宝磬鸿钟，震于江湖。肆作颂诗，用纪绝殊。

此文，先说大中祥符年间宋真宗重建洞霄宫的赐书，如同伏羲的八卦。神宗元丰年间，政通神灵。哲宗元祐年间，盛世清明，帝储亨通。徽宗更是将道教弘扬到了九州。高宗率宋室南迁，又眷顾这天柱观之域，作为行在，冥冥中似有神明辅助。上有圣主辉煌，下有良臣扈从，前有真宗、神宗、哲宗“三圣”，后有高宗的隆兴。宏略大谋，千秋伟绩，腾飞云霄，震撼大地。因此我作颂诗，记下这独到的境况。

陆游的初衷，再次在碑文中得到重申：杭州这似锦的都城，只是南宋暂时的都城。“镇兹行都”四字，表明垂垂老矣的陆游，念念不忘的还是北土。

返回时，陆游在闲林埠上了船，顺天目山的荡荡山水而回，船速极快。王思明说：“当年东坡先生在杭州知事，常忙里偷闲，一舟一琴，逆水而上，宿月泊野，行十里西溪，去玲珑山上。”那时，风流倜傥的苏东坡已年过半百，侍女琴操十六七岁，真是享尽了这杭州的山水乐趣。

寂无声息的飞芦秋雪，在陆游的眼里，这时都充满了琴声箫音。那一片洼连洼、湾套湾、汊接汊的深港水泊，似乎都是东坡先生笔下的词情诗意。果真，顺水船快，刚过午饭时分，陆游就到了霍山（今弥陀山）边的下湖。

嘉泰二年（1202），罢官十三年的陆游，又被宁宗诏入朝廷，担任同修国史、实录院同修撰之职。次年四月，被擢升为宝章阁待制的陆游，见好就收，告老致仕，离开杭州，时年 79 岁。

赘言：

本章顺四季之冬，借陆游的曲折人生，继续述说南宋最盛之时的杭州胜景。当然，这对于杭城，是一个值得骄傲的繁华时段，对后世的品质生活也有相当影响。但作为陆游，内心有他的不安，因为他不得不正视，繁华中正在被逐渐消磨的收复北土的意志。

正是这陆游反复强调的内心不安，反观出了时人在天堂之城杭州中的幸福享受，还有“直把杭州作汴州”的不舍眷念。

本章依据史料，借用陆游的双眼，力求还原杭城那一段处处似长安街的锦绣细节，真实展示品质生活的历史截面。

参考文献

1.〔宋〕陆游：《剑南诗稿》卷二十，载文渊阁《四库全书（集部）》本，第 23、124、126 页；同书卷二十一，第 2 页；同书卷五十二，第 53 页。

2.〔宋〕陆游：《放翁逸稿》卷上，载《摛藻堂四库全书荟要（集部）》本，第 30 页。

3.〔宋〕陆游：《渭南文集》卷十六，载《摛藻堂四库全书荟要（集部）》本，第 82—87 页，第 101—106 页。

4.〔宋〕陆游：《老学庵笔记》卷一，《丛书集成初编》本，商务印书馆，第 7 页；同书卷七，第 65 页。

5.〔宋〕四水潜夫：《武林旧事》，浙江人民出版社，1984 年，第 29—31 页。

6.〔宋〕王栐：《燕翼诒谋录》卷四，载文渊阁《四库全书（史部）》本，第 8 页。

7.《宋史（下）》，载上海书店编《二十五史》第 8 册，上海古籍出版社，1986 年，第 1363 页。

8.〔明〕田汝成：《西湖游览志余》，浙江人民出版社，1985 年，第 48—51页。

9.〔清〕丁丙：《武林坊巷志》第一册，浙江人民出版社，1986 年，第 392 页。

又一个春天：草桥人品

明嘉靖二十一年（1542）二月，“龙抬头”的锣鼓刚消停，次日午后，永昌门直街又响起了哐哐声。只见两人抬的大锣后面，一对一对青衣黑帽的皂役，高举“肃静”“回避”“进士”“四品”“知杭州府”等衔牌过来，行人纷纷避让。

原来是杭州知府陈仕贤要去永昌门边的郎宅。

永昌门，因为李自成的“年号”而得名，清康熙初改名“望江门”。不过，城门外那座叫“草桥”的木拱桥，名声却要比城门来得大，连住在城门内景隆道观北首的郎瑛，也被乡人尊称为“草桥先生”。

郎瑛，字仁宝，5 岁没了老爹。朗老汉临终前说儿子：要是能成气候，必定是他自己成就了自己。后来的郎瑛，真应了他老子的谶言，既不是官场熬得功名，也不是名利场获得虚名，而靠的是孜孜不倦的博学广识。当时，其名冠杭城，可称得是一张地方的文化名片。

县学训导、仁和县令，上门造访郎瑛是常事。陈仕贤知府登门，这次应该是第二次。脚头快的乡人，赶紧抄近道小跑，去郎宅通报。

1. 一方水土一方人

时年，郎瑛 56 岁，中等个儿，面皮白净，带有一撮胡须。家中积蓄早被他投入了善本孤籍的搜集中，他平日只靠间断的开馆教书得以度日。

早几日，郎瑛已得知知府陈仕贤要来造访。一听乡人通告，又听锣声渐近，赶紧扶一扶头上四方平定巾，整一整蓝缎直裰，出了大门恭迎。知府的仪仗队一驻步，郎瑛就向落轿的陈仕贤深作一揖，引入大门，进了燕乐闲堂。

这厅堂也是郎瑛平日会友之处，兼作教书之馆。敬茶完毕，寒暄一阵，陈仕贤见堂壁有两张“来客须知”，饶有兴致地读了。

左边一张“求益帖”，用的是三国曹植的故事。曹植，字子建，时人说“天下才共一石，曹子建独得八斗”。不过，才占八斗的曹植谦恭有加，好讨教来客，征求对他文章的批评。郎瑛以此为鉴，希望来客多说他文章的不足，少一些恭维。

右边一张“薄养帖”，用的是东晋吴兴太守陆纳的典故。陆纳曾问大将军桓温的胃口如何，桓温说三升酒便醉，肉也不过十脔（十小块）。这日，桓温赴陆纳家宴，陪同者两人。陆纳上了一斗酒，一盘鹿肉。陆纳说：“将军你喝三升，我只能喝两升，一斗酒足够了。”这也是郎瑛向来客的提示：到我这里，只有薄奉。

对于郎瑛这种对精神与物质的操守，陈仕贤极为赞叹。他说："先生，你整日危坐书房，诵读写作，既知天下大事，又好史书金石、碑铭互考，真是杭城文化的骄傲。陈某早已风闻，也读过不少他人辗转抄录的先生大作，着实钦佩。"

说完这话，陈仕贤指了指一侧厢门大开的书房，那四壁书架，还有几案上堆叠的书籍，又说："不知先生今日写的是什么锦绣文章，可否与陈某先睹为快？"

郎瑛的书房，也是他的藏书处，名"仁宝芸阁"。郎瑛说了一声"大人见笑"，进书房拿出正在撰写的几页文稿。他说："这写的并非考据文字，只是本县一布衣的纪事。"陈仕贤一听，兴致大作，细读起了文稿。

这说的是仁和县布衣王天碧，自幼好文，一度被差役到了僻远的处州（今丽水）。某日，王天碧在马厩的柱子上题了一诗："一日行千里，曾施汗血劳。不知天厩外，谁是九方皋（春秋时的相马人，曾被伯乐推荐给秦穆公）。"隔日，这诗被府邸的主人看见，大惊，问王天碧是不是生员。王说他只是一个农人。主人大骇，又出题"南山晴雪"，请王天碧再作一首，结果又让主人大跌眼镜。

这主人当即请王天碧当了府邸蒙馆的老师，给孩子上课。主人也常来听讲，赞叹有加，王天碧一时名闻处州。王天碧役满后，回到仁和县，官署慕名请他做文案吏胥。王说："我一布衣，出入公门，实在不雅。"坚辞不受。他每日耕田之余，只和几位文友来往湖山之间，说文论诗。可惜，天不假年，早逝而去，留下一本《羹藜集》。

陈仕贤一气读完，叹说："先生乃杭州名士，却处处着意视功名如敝屣的士人，和你以往文中所记一笑居士、徐伯龄、沈明德一样，令陈某有愧。”说这话后，陈仕贤还咏了一笑居士的《春日》诗：

一阵东风一阵寒，芭蕉长过石栏杆。
只消几度瞢腾醉，看得春光到牡丹。

陈仕贤说：“以先生才华，博取功名易如反掌，不知先生以后当如何？”郎瑛作谢道：“郎某少年时孜孜闱场（悉心解试）已成往事，如今的心思，早已放在这一堆经籍诸史之中。我每日诵读，总感到吾乡吾杭文化底蕴深厚，多姿多彩，有时也会生出一些考证探究、辨别真伪的想法。可惜，总觉时日不够，极怕为杭州做了碌碌之忙，少了有用的东西。”

陈仕贤感叹一番，又说：“先生的文章一出来，坊间抄本众多，陈某也怕以讹传讹。眼下先生如有成章的文字能赐读，陈某不日要小吏前来抄录，以作刻刊之备。要是先生不嫌，能屈就府署再好不过，陈某也能时时向先生请教，不知意下如何？”

郎瑛说：“坊间抄本，是相知者转抄出去的，谬误在所难免。至于高就府署一事，还望大人恕郎某疏懒成性，无意公门。”

一番言语过后，陈仕贤又说：“杭州府所属九县，仁和县的排名虽在钱塘县之下，却是商贾聚市，大路四通，为浙江财赋之最。丝罗纨谷盐鱼果，朝廷时征时取。还有诉讼役狱、亭馆修饰，诸务繁梗，岂可胜言？稍有不及，即有错谬。平日里，还望先生多多留意乡绅贤士之谏，常常告之陈某。”

郎瑛答道：“为政之人若能敬重操守如神明，不以刑罚立威严，节省民财如同自己的家产，百姓就会敬重大人您如同严父。大人您若能风范甚肃，万事以公，下属就无敢以私干，为政就能取信于人，万事也能迎刃而解。”

郎瑛又说：“譬如这杭城，东南近江海，唐以前才逐渐形成陆地，但杭城的上百口井水，清冽佳味，不闻盐咸，为什么？因为有前人引湖水成井，有河渠的长期治理，苍天又不乏甘露。否则，井泉俱竭，唯可滗取，那就苦咸不可言了。为政者也是，多行不义，如同无清流之水，到头来哪怕滗取，都难得淡水。”

“滗”，是杭州话，多用于指熬完中药，将最后几滴药汁倒于碗中。郎瑛用一个“滗”字，比喻城市的治理，如果要等到“苦涩”以后，才悟出道理，就为时晚了。

陈仕贤连连作谢：“先生之言极是，陈某受益匪浅。杭城能让宋时的品质得以光大，还真要先生时时指教。”临告别时，陈仕贤又说：“先生写有成章的文字，如能赐读，望及时告之。”郎瑛应允说：“大人尽管派人前来抄录。”

2. 较真的杭州秉性

不过，郎瑛后来的一篇《建文忠臣》，却没有让如约而来的府衙书办抄录。这倒不是郎瑛言而无信，而是他的发小王一槐第一时间读了，差一点没惊掉下颚。

王一槐，字荫伯，湖州知府，不日将赴京城担任工部员外郎，这几天正在杭州省亲。王一槐和郎瑛自幼同窗共读，按杭州人的说法，是“穿一条裤子”的“赤卵”至交，说话万事不忌。王一槐听说杭州府衙的书办要来抄录这一文稿，赶紧劝阻：“仁宝兄，万万使不得。”

王一槐说："我也晓得陈仕贤为人不错，公务牍案繁忙，读读诗词赋文也是一种心情调节。不过，成祖永乐帝早已将建文那一朝的官员定为了叛臣逆子，你却写成了《建文忠臣》，还如此详尽地列了一百二十四份名录。仁宝兄啊，这一旦被举报，是要杀头的啊！还有，史料你是从何处求证来的？"郎瑛说："是东桥先生府上。"

东桥，就是金陵留守刑部尚书顾璘的号，明成祖朱棣将京城北迁以后，原本朱元璋所定之都南京金陵，依然保留了一套朝廷班子。顾璘，江南名士，声望颇高，也是郎瑛的忘年之交。郎瑛每次到金陵，因为顾府汗牛充栋的藏书，往往一住就是几日。

那日，郎瑛看到一本建文朝时的朝廷官员名录，它虽然与"仁宝芸阁"那本朱棣颁布的叛臣逆子的名录大致相同，但在顾璘这本书中，处处记的是忠臣之绩。

郎瑛也晓得，自从朱棣夺取建文帝皇位以后，本朝历代都奉朱棣为正宗。他要是将建文朝这一段历史还原，哪怕隔多少代，只要在本朝，都是一件不易之事。一旦有小人告发，还会连累顾璘。

不过，郎瑛骨子里就有杭州人的那一种较真，他立意要还历史一个真相。但经王一槐这么一说，郎瑛也转了念，或许，此事尚做得过早了一点。郎瑛对王一槐说："也好，暂且听你荫伯兄一句，我再多作考证，扩展一些史料，将这文字写成书来。"

后来，郎瑛真的付之为实了，这本人物传记写成以后，取名《萃忠录》。可惜的是，多年以后因倭寇之乱，一卷书稿丢失，无缘存世。

当然，这是后话，好在《建文忠臣》和《忠魂久现》被保存了下来，最终收进了《七修类稿》。尤其《忠魂久现》，郎瑛将朱棣攻破扬州城，杀死建文朝的巡按王彬一事，详尽记录。还有王彬在扬州巡按署中屡屡现形，向后任巡按使讨要说法的逸闻，郎瑛也记了下来。

不阿谀奉迎，据实秉笔，这本是文士应有的品行，在杭州人郎瑛身上尤甚。那一日，郎瑛还为方志的一段阙疑，和王一槐作了探讨，这说的是江干浑水闸（遗址在今海潮路南端）的昭贶庙。

昭贶庙，是为了祭祀北宋景祐年的两浙漕运使张夏而盖建的。张夏是杭州第一个在钱塘江堤岸使用方石垒筑江塘的人。

以前修江堤，采用竹笼装石头，或者捆柴，投入江中，再加垒土，然后筑泥土堤岸。这种堤岸，在大潮冲刷下，使用年限很短。张夏用方石垒砌塘石，石灰糯米粉灌缝，铁钉铁铆固定，再层层收缩塘石，形成斜面塘堤。这样的塘堤防潮水冲击的效果极佳，历代朝廷对此屡次嘉奖，还建了昭贶庙以祭祀。

郎瑛说："根据叶绍翁《四朝闻见录》记载，昭贶庙建于庆历中，到了政和二年（1112）八月，朝廷得到杭州府呈报，说六十多年过去了，百姓依然受益于张夏的江塘。徽宗皇帝下诏追谥张夏为宁江侯，后来又改封安济公。"

郎瑛又说："昭贶庙的碑文就不同了，说庆历年，朝廷追谥张夏为宁江侯，大观年间封安济公。荫伯兄，以我看来，叶绍翁的年代离北宋较近，应该可信。不晓得这庙中的碑文，究竟依据什么？"

郎瑛接着说："还有，《四朝闻见录》说张夏筑了江塘'十二里'，庙中碑文说张夏筑了'四千六百四十丈'，两者相差大半。现在的江塘，从梵村往东，有三十里，《四朝见闻录》和昭贶庙的碑文都没有说清楚张夏建筑的江塘，究竟是在哪一段。"

郎瑛最后说："我们杭州，历史悠久，要流传后世，绝对不能含糊其辞，不甚了了。否则，越往后，后人厘正的难度就会越大。荫伯兄，今日所说，也想请你日后读志书时多多留意，不时指教于我。"

3．说不完的家乡美

这一日太阳落山，郎瑛、王一槐、虞元良、金珊在酒楼小聚。这酒楼虽在江边，却有一个临崇山壑溪的名字——鹫岭楼。或许，在这酒楼，常能看见鹫鹰激浪擒鱼的场景。

店家晓得来人不是求排场的主，推荐四条今日捕获的江鲜，提议只须清蒸，只求味正。第一条为鲥鱼，钱塘江一绝，其次是石首鱼、鳊鱼、鳗鱼，每人一盅江鳐清羹。在琉璃灯的照耀下，江鲜一一以青瓷盘摆上了桌子。两壶好酒，也是用了冰莹似的青瓷瓶。

喝酒的时候，四人聊起了杭州街巷的地名文化，郎瑛笑说幼时在景隆观读书时，对此就有兴趣，先生讲课时，他常和王一槐用地名暗暗作对子。记得一个说里仁坊，另一个说乡义巷；一个说三岔路，另一个说十字街。一堂课，总会敷衍出几个杭州地名的对子来。

借了酒意，话就多了。郎瑛戏说虞元良的江干口音，几乎就是对江过来的绍兴府人，好将"班"读成"百"，

“一班人”说成“一百人”。郎瑛说杭城内的语音，总以南宋官话的遗留为多。说这话时，他很自豪，南宋虽然没了二百多年，但元朝还是没能断了大宋文化的脉络。

这时，东风吹来，似乎一江春水和东来的潮涌正在远处相撞，浊浪翻卷。夜色渐渐浓了，一簇光亮从东方尽处的水面涌了出来，渐渐有了如彤如霞的光彩。也就说话的工夫，皎月从水中露出了头，水面也就有了神龙腾飞般的五彩云雾，灿烂一片。瞬间，一轮圆月从水中一跃跳起，江水都抖出了一片碎金。

郎瑛喜欢游走天下，遍访各地绝好美景，但每一次返回家中，他总好说：“吾杭西湖，山水之秀甲天下。”眼前这潮水拱涌明月之景，让郎瑛生出一个念头，要将杭州这美妙绝伦的景色写出来，晓之世人。

他说：“我曾在友人家得到过‘钱塘十景’的诗，句法好像出自我大明国初。但从诗中用的‘樟亭’‘柳桥’等旧景看，又像是唐宋人所作。我曾留意从志书上考证，但没有查出一个究竟，也许是昔日杭州贤士的遗作。我想将这十景整理抄录出来，但愿后人能演绎得更为精彩。”

众人都说这主意不错，应该为杭州的山水文化做这么一件千古留名的好事。王一槐说：“仁宝兄，那你先说说这十景的题名吧，我们也好各抒己见。”

于是，郎瑛依次说出了“东海潮暾”[1]“西湖夜月”“云石樵歌”“冷泉猿啸”“浙江秋涛”“北关夜市”“孤山霁雪”“两峰白云”“九里孤松”“六桥烟柳”。他说：“这虽然不能将杭州美景一网打尽，但一年四季春夏秋冬之美景，大致也完备了。”

①东海潮暾：明刻本《七修类稿》中为“东海潮暾”，后多为“东海朝暾”。

不日，郎瑛就将“钱塘十咏”整理抄录了出来，其中四首，当即一时传诵。

东海潮暾

绀雾彤霞烂不收，海门东望浪花浮。
超腾渤澥三千界，照耀阎浮四百州。
旸谷神龙同变化，高冈鸣凤自喧秋。
近来谁有宾王句，试与重登鹫岭楼。

这诗中的“暾”，指初升的太阳。“渤澥”，即古代东海的一部分，也写成“渤海”。“阎浮”即“阎浮提”，是佛教中须弥山南方“赡部洲”旧称，在这诗中也代指人间世界。

西湖夜月

碧玻璃浸玉芙蓉，十里金波夜欲镕。
殿里素娥春睡醒，镜中西子脱妆浓。
羽衣入梦来孤鹤，铁笛惊心起卧龙。
欲问蟾宫乞灵药，朗吟飞过两高峰。

“玉芙蓉”，说的湖中的荷花。又以嫦娥（素娥）与西施作喻，写出夜西湖的妩媚。“孤鹤”与“铁笛”，各写了林和靖和杨铁崖两位名士在西湖的传说。想象中，桂子飘香之夜，去往月宫乞求灵丹，朗声吟诗，飘然飞过了南、北两座高峰。

北关夜市

地远那闻禁鼓敲，依稀风景似元宵。
绮罗香泛花间市，灯火光分柳外桥。
行客醉窥沽酒幔，游童笑逐卖饧箫。
太平气象今犹古，伫听民间五袴谣。

这写的是北关门（即武林门）外的繁华夜市之景：城里的禁鼓（更鼓）已敲响，武林门外几乎是没有听见一样，熙熙攘攘像元宵的夜市仍在持续。穿着绫罗绸缎的游人，花插鬓角的妇人，灯火中在夹柳夹桥的水边街市行走。得意忘形的醉汉，正窥探着酒家的内幔（内室），孩童嬉笑追逐那吹箫卖糖的汉子，分明还听到有“五袴谣”的歌声。

“五袴谣”，汉时蜀郡的市井俚歌。“平生无襦今五袴”，以前连里衣都穿不上，现在下衣都有五条了。此处借指杭城的繁华，当时是明朝最兴盛的一段时期。

九里孤松

曾向林间构小窗，卧看苍翠拥旌幢。
雄声绝似闻三峡，秀色何须揽九江。
自与竹梅谐旧约，不随荷桂入新腔。
试观树杪悠扬处，疑是盘空白鹤双。

这是卧躺在九里松林中所作，看酒旌茶幡连绵飘扬，突然一阵风刮来，松涛阵阵，声似三峡之激流，色如九江之秀美。松树自古就与竹、梅并称“岁寒三友”，与荷花、桂树不相类。只见松冠在轻轻摇晃，像是两只白鹤盘空飞翔。

这十景十诗，以“钱塘十咏”为题，后来完整地收进了郎瑛《七修类稿》一书中。此前，元代也有过“钱塘十景”一说，和郎瑛整理抄录的相比，“东海潮暾”元人作“葛岭朝暾”，“九里孤松”元人作“九里云松”，“云石樵歌”元人作“灵石樵歌”。相比之下，经郎瑛整理的这“钱塘十咏”，似乎更胜一筹。

不过，无论是郎瑛整理的“钱塘十咏”，还是元代

九里虬松（出自《海内奇观》）

的“钱塘十景”，其中的“两峰白云”和“西湖夜月”，与南宋“西湖十景”中的“双峰插云”和“平湖秋月”有类似之处。

4. 唱响“夹城八景”

王一槐要去京城任工部员外郎，一早，郎瑛、虞元良、金珊为他送行。众人乘了竹舆、巾车，连同箱箧挑夫，走西大街，去武林门外。

去武林门这西街，为啥能称“西大街”，而艮山门内的东街，称不得“东大街”？因为朝廷圣旨、邸报，顺了大运河过来走的就是这条街。西大街与他街，也就显出了不同。你看，街两侧，洪武年间栽下的冬青树，树冠蓬勃，夹了街的两侧，有如拱门。人在西大街行走，哪怕盛暑酷热，都几乎看不到炎炎赤日。

街边紧挨的院子，全是白土抹饰的院墙。院内多两层的小楼，屋顶如同蒙了碧绿的色彩，那是岁月久了长出的瓦上苔藓。院墙大门黛黑，门外短扉微开。从敞开的大门看进去，家家的堂前供了佛像，香烛缭绕，温馨祥和。

邻家走动的妇人，环形发髻，胡粉敷面。“胡粉”，是舶来货，南洋进来的美容脂粉，抹得徐娘们个个年轻貌美。妙龄少女，肤如白雪，那是豆蔻年华的本色。老少相合，优越如此，羡煞了顺大运河而来，晒成“乌炭”的摇船人。

武林门的内外，一路青石板。街两边的店家，做的都是南来北往的船客生意。再往北走，店家渐渐稀少，有几分农舍光景，这里也称“半道红”。时下虽然暮春，

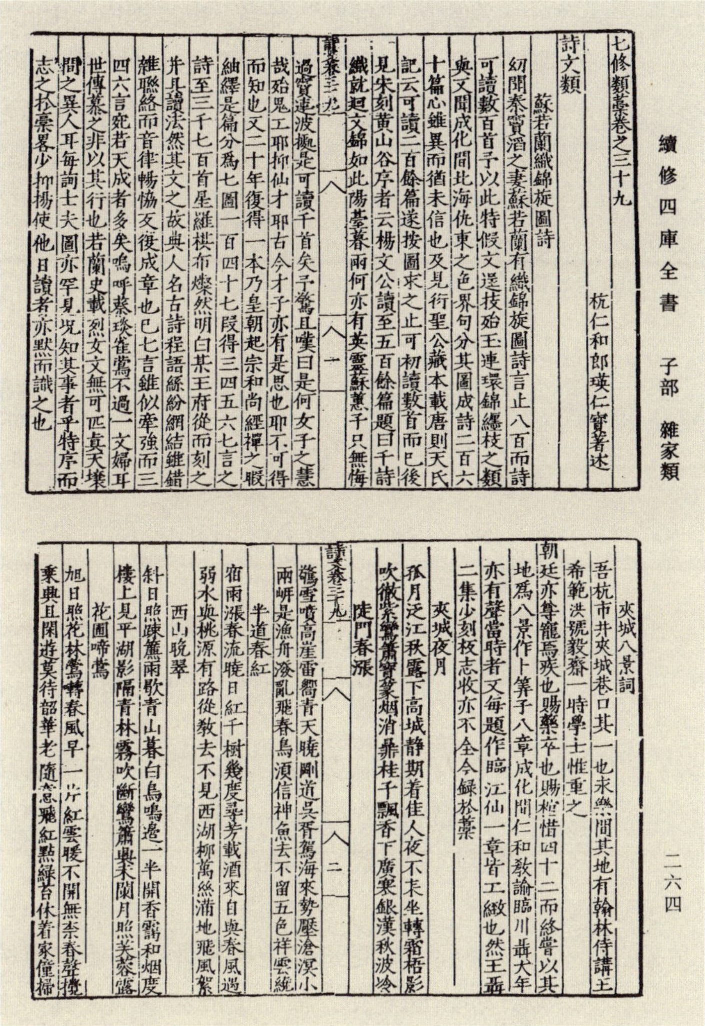

續修四庫全書　子部　雜家類

七修類藁卷之三十九

杭仁和郎瑛仁寶著述

詩文類

蘇若蘭織錦旋圖詩

幼聞秦竇滔之妻蘇若蘭有織錦旋圖詩言止八百而詩可讀數百首予以此特假文遝技殆玉連環錦纏枝之類與文間成化間北海佗東之色界句分其圖成詩二百六十篇心雖異而猶未信也及見衍聖公藏本載唐則天氏記云可讀二百餘篇遂按圖求之止可初讀數首而已後見宋刻黄山谷序者云楊文公讀至五百餘篇題曰千詩織就廻文錦如此陽臺暮雨何亦有英靈蘇蕙子只無悔過竇連波撫是可讀千首矣予驚且嘆曰是何女子之慧哉殆鬼工耶抑仙才耶古今才子亦有是思也耶不可得而知也又二十年復得一本乃皇朝起宗和尚經禪之暇紬繹是篇分為七圖一百四十七段得三四五六七言之詩至三千七百首星羅棋布燦然明白某王府從而刻之并且讀法然其文之故典人名古詩程語絲紛網結錯雜聯絡而音律暢協又復成章也已七言雖似牽強而三四六言宛若天成者多矣嗚呼蔡琰雀鸞不過一文婦耳世傳慕之非以其行也若蘭史載烈女文無可匹真天壤間之異人耳每詢士夫圖亦罕見況知其事者乎特序而志之於藁畧少抑揚使他日讀者亦默而識之也

七修類藁卷三十九　一

夾城八景詞

吾杭市井夾城巷口其一也永樂間其地有翰林侍講王希範洪號毅齋一時學士惟重之

朝廷亦尊寵焉疾也賜藥卒也賜棺惜四十二而終嘗以其地為八景作卜筭子八章成化間仁和教諭臨川聶大年亦有聲當時者又每題作臨江仙一章皆工緻也然王聶二集少刻板志收亦不全今録於藁

夾城夜月

孤月泛江秋露下高城静期着佳人夜不來坐轉霜梧影吹徹紫鸞簫寶篆烟消鼎桂子飄香下廣寒銀漢秋波冷

陡門春漲

驚雪噴高崖雷斷青天曉剛道吳胥駕海來勢壓滄溟小兩岸是漁舟潑亂飛春鳥須信神魚去不留五色祥雲繞

半道春紅

宿雨漲春流曉日紅千樹幾度尋芳載酒來自與春風過弱水與桃源有路從教去不見西湖柳萬絲滿地飛風絮

西山晚翠

斜日照疎籬雨歇青山暮白鳥鳴邊一半開香霭和烟度樓上見平湖影隔青林霧吹斷鸞簫興未闌月照芙蓉露

花圃啼鶯

旭日照花林鶯轉春風早一片紅雲暖不開無柰春聲攪乘興且閑遊莫待韶華老隨意飛紅點綠苔休着家僮掃

七修類藁卷三十九　二

二六四

〔明〕郎瑛《七修类稿》卷三十九《夹城八景词》书影

桃花早没了红遍半道的炫目，不过，一路桃叶新绿，柳枝飘拂，赏心悦目。

临近湖墅，住家与店铺又渐渐多了起来。这一带，南宋称“城北厢”，又称“湖州市”，素以米铺、鱼行、水运衍生出的生意著称。更有船客、船家，在武林城门关闭前游湖归来，使得夜市不夜，有“银湖墅”之称。

湖墅的“翻坝”行当，也具规模。由此引出的坝夫、脚夫、船夫、船客的吃、喝、住、租，还有承揽船票的“官牙”。“官牙”就是官府颁布过执照的店家。货主只有凭完税的货单和行路的船票（两票也有合一的），在此租借船只才能出行。这一种“官牙”介绍的长途航船，受沿途官府照看，比较安全。

郎瑛一干来到宝庆桥，这也是“官牙”的聚集地。宝庆桥俗称黑桥，早几日王一槐得知，“陈记黑桥官牙”有一船靛青（颜料）要北上山西。

到了以后才晓得，那去山西的货船，早在下河埠头等待。王一槐的箱箧一上船，货主就急吼吼要赶着顺风行船了。郎瑛、虞元良、金珊和王一槐一一作揖告别，看那船帆噌噌升起，船顺了水，渐渐远去。

三人伫立良久后，才动了往回走的脚步。虞元良首先打破惜别后的沉闷，他说：“诸位，不妨趁此机会，去德胜坝看看翻坝的热闹。”

德胜坝，是运河上南来北往的船家过杭州的一个大坝。坝高约三丈，横在上河和下河之间。上河，指东向的上塘河，还有城内北来的各条市河；下河，就是元末张士诚疏浚拓宽的大运河，还有余杭塘河、宦塘河、西塘河等。要说这杭城地势，南高北低，要是没有德胜坝等闸、坝的阻挡，流水就会向北一泻而去，市河也不会有丰沛的清冽水流。

这下河的船只若要去上河，得在德胜坝前翻坝。只见下河中大船巨舫，收了帆，首尾相接。等待翻坝的船夫们，跨越各家船只，像在平地行走。小儿也是，翻船帮，爬桅杆，喧闹欢叫，满是船到杭州的喜气。

德胜坝，由土石砌成，朝下河一面，坝坡缓长。坝坡上有条石砌底，表面有厚厚一层黏土，称“青紫泥”，起到船底和坝面的润滑作用。一艘货物清空的大船正要上拉，船进了坝坡，坝顶上的绞盘“嘁嘁呛呛”放下了竹篾编织的粗绳，拴住了船头锚柱。坝顶一声号子，坝夫绞起盘子，那号子也奇：“丈！丈！丈！丈！”于是，船就渐渐高了，上得坝去，翻进上河。

一条船又从上河往下放来，刚下坝顶时，较快。到下河水面，一旁的坝夫快速用搭钩牵住船尾，将速度减了下来，以防船只冲进下河时进水。看了船只上坝、下坝，郎瑛一干又从坝侧登级而上，去看上河。

上河水面，有的船清空了货物，等着落坝；有从下河上来的船只，正在装货。帆樯橹桨，哪怕离去，都在不开阔的河面上悄无声息地进出。再往南看，河岸杨柳倒垂，炊烟农舍，静谧平缓。船夫说，要是傍晚，第一次来杭州的船主，有急于进城去见识夜市风光的，加一点铜钱，坝夫举了火把翻坝的也有，那就是另一番热闹了。

中午，三人来到妈祖庙旁的一家饭店。这妈祖庙是闽人在杭的建筑，很有远航的意思，饭店也有闽南口味。三人说到了永乐年间郑和下西洋带来水路买卖的兴隆，又说到夹城巷口一个叫王洪的翰林侍讲。这王洪曾以《卜算子》词牌，填过《夹城八景》，一度盛唱杭城。此后六十年，又有一位仁和县学教谕聂大年，用《临江仙》词牌，也填过《夹城八景》。

填词，明时的读书人往往作为娱乐的消遣，如果当成正事，会被作经赋时文的所谓“圣贤”看轻。偏偏郎瑛、虞元良、金珊都是看淡功名的清逸之士，一说起《夹城八景》，都可惜失传已久，极少有人会吟唱了。湖墅夹城的八景，也少有人知晓。

三人胡乱用了茶饭，决定就近打听王洪旧居。他们在夹城巷走了一遭，悻悻然而回，因为从巷头走到巷尾，居然没有人说得出王洪的子丑寅卯。返回时，三人倒是将“夹城八景”的题名想了一个全，它们是“夹城夜月”“陡门春涨”“半道春红”“西山晚翠”“花圃啼莺”“皋亭积雪”“江桥暮雨”“白荡烟村”。

郎瑛决意要将这些满溢着杭州人文的胜景词章整理出来。从那以后，他整日在旧书杂文中寻找，又经几个版本的印证、补充、校正，最终将王、聂两人的《夹城八景》逐一写了出来。郎瑛没有偏袒仁和县的乡党聂大年，因为这老先生的《临江仙·夹城八景》与王洪《卜算子·夹城八景》相比，稍逊色了一点。

譬如《夹城夜月》，王洪是：“孤月泛江秋，露下高城静。期着佳人夜不来，坐转霜梧影。　吹彻紫鸾箫，宝篆烟消鼎。桂子飘香下广寒，银汉秋波冷。”这词，似乎让人看到了霜秋孤月中高高的德胜坝，还有家人盼望早日归来的翘首。全词虽然没有一句翻坝过船的描述，却有“桂子飘香下广寒”的飘逸之行。

《陡门春涨》也是。春天多雨，上河暴涨，难得一见的坝上“瀑布”一泻而下。“惊雪喷高崖，雷响青天晓。刚道吴胥驾海来，势压沧溟小。”用伍子胥领兵踏波而来的阵势，写出上河之水压顶的“雪喷”之景。

《半道春红》，是一种意趣盎然的写实：“宿雨涨春流，晓日红千树。几度寻芳载酒来，自与春风遇。　弱水与桃源，有路从教去。不见西湖柳万丝，满地飞风絮。”你看，半道红的桃花姹紫嫣红，条条弱水并无激流，水

德胜坝遗址

上士人载酒吟唱，觅芳花下。

《皋亭积雪》是从船上放眼雪天的远眺，有平川中突兀而起的皋亭山：“积玉映空青，蓬岛人间近。珠树琼花满眼开，缥缈仙台影。”词的下半阕，更有凌空鸟瞰的仙意：“便欲跨青鸾，直上三山顶。鹤氅披云看下方，月白银河冷。”

一幅农耕风俗画似的《白荡烟村》，说的是河流环绕的白荡村：“绿竹绕清流，草舍人家远。几处牛羊晚下来，烟外闻鸡犬。　　禾稼满秋原，路向桑麻转。箫鼓从教乐社神，岁岁长相见。”这正是祭祀土地神的日子，字句中洋溢的是一片农家之乐。

聂大年的《白荡烟村》也写祭祀土地神，这是他的《临江仙·夹城八景》中最好的一首：“北郭秋风禾黍熟，牛羊晚食平田。一村桑柘起寒烟。田翁邀社饮，击鼓更烧钱。　　处处鸡豚泥饮罢，瓦盆浊酒如泉。往来东陌与西阡。虽言淳朴俗，自有一山川。”

聂大年的《皋亭积雪》虽没有王洪的那一种凌空气势，但郎瑛还是欣赏他上半阕的朴实："昨夜孤峰如泼翠，今朝玉立巑岏。琼林琪树间琅玕。蓬莱尘世隔，弱水竟漫漫。"皋亭山那一种昨日还是泼绿般的苍翠，今天竟是亭亭玉立的白净，还有冬日漫漫的水流，简洁地跃然纸上。

王洪和聂大年的《夹城八景》全部整理出来以后，文友争相抄录。虽然称不得堂会酒楼吟唱一时，也让士大夫们一度传诵。杭城的一隅湖墅夹城，又在大江南北名重一时。嘉靖二十六年（1547），浙江布政使在调往广东任职之前，也派笔吏到郎瑛宅邸来抄录了。

这布政使，就是之前的杭州知府陈仕贤，他这次调任广东，是被人谗言贬谪的。不过，仕途蹇涩的陈仕贤对郎瑛始终孜孜在心，他这次路途迢迢去广东，随身就携带了整箱的郎瑛文稿。正因为陈仕贤的这一次携带，让郎瑛对杭州文化的那一腔痴情心血，有幸得以传世。

陈仕贤到了福建建安，恰逢一位同样慕名郎瑛的书

〔明〕郎瑛《七修类稿》，光绪六年（1880）广州翰墨园重刊本

商友人。这书商晓得陈仕贤为官清廉，家资不厚，拿不出刊印郎瑛书稿的费用，愿意全款赞助。也就半年，郎瑛的书稿在建安刊印了出来，一共五十五卷。因为这稿卷原本无名，书商按书稿中七种类型的文章，取名《七修类稿》。

后来郎瑛看到了这部《七修类稿》，感叹陈仕贤和那位不知名的书商对自己的偏爱。虽然书中有不少的谬误，但可惜的是，晚年的郎瑛家境中落，没有资力重新校正并刊印这套书稿。在他的“仁宝芸阁”中，还有《诗文联句》《订正孝经》《大学格物传》《萃忠录》《青史衮钺》等手稿，没能付印。

郎瑛身后，那些存放家中的书稿大多散落。庆幸的是，记载了丰厚的杭州地方文化的《七修类稿》留在了世上。

赘言：

再一轮春天，彰显的是一位杭州本土文人的代表——郎瑛。我们在读他执着挖掘出的记录家乡美的文字的同时，也读到了他身上那种较真，那种据实秉笔、不阿谀奉迎、耐得住寂寞的杭州士人精神。

自唐宋以后，尤其是明清，杭州的本土文士名流辈出，文化昌盛。他们是这一片土地中生生不息的人文脉络，是璀璨的地方文化得以延续的根本。郎瑛，只是其中一位。

也正是这一些文士的道德品质、学术追求的逐一积累，才构筑成了杭州这一座品质之城不可或缺的文化内涵，流传至今。

参考文献

1.〔明〕郎瑛：《七修类稿》卷三十一，明刻本，第15—17页；同书卷三十九，第2—4页。

2.〔清〕丁丙：《武林坊巷志》第一册，浙江人民出版社，1986年，第755页。

3.〔清〕丁丙：《武林坊巷志》第三册，浙江人民出版社，1987年，第622页。

4.〔清〕丁丙：《武林坊巷志》第七册，浙江人民出版社，1990年，第710页。

5.黄阿明：《明代学者郎瑛生平与学术述略》，《苏州科技学院学报》（社会科学版）2009年第1期。

又一个夏天：大文豪眼中的杭州

吴敬梓（1701—1754），字敏轩，安徽全椒人，富家子弟。他从小挥金如土，拿钱当仇人，散发着交友。家庭一变故，他没了钱，长期客居金陵，半夜冻醒，绕着城墙跑的日子都有过。

吴敬梓48岁那年的春末夏初，接到吴培源从遂安狮城[1]寄来的信，得知这位好友从余姚知县的任上，调到遂安县当了知县。自己落魄的吴敬梓，倒为老友的处境忐忑不安了起来。他决定去遂安一趟，探望这位兄长般的老友。

吴敬梓晓得，余姚是浙江鱼米之乡，庶富民安。遂安大不同了，偏僻贫瘠，乡风彪悍。就像“遂安”的名，平安永远是一种愿望。而吴培源这个乾隆二年（1737）的三甲进士，虽然比自己年长，却不懂迎合，只知一味为官清廉、崇善，这让深谙宦场蝇营狗苟的吴敬梓日夜挂念。

遂安紧挨徽南，走旱路虽然也可，但多颠簸辗转。吴敬梓决定走水路，要是顺风，也就两天两夜可到杭州，也了却去看看这座南宋京城的愿望。再逆钱塘江而上，

①遂安，旧县名，1958年并入淳安县，1959年遂安狮城沉于千岛湖下。

又能一睹黄公望画卷中的富春山水。

乾隆十三年（1748）夏季某日，吴敬梓告别妻儿，戴一顶宽檐尖顶斗笠，穿一袭天青外褂，脚着青布鞋，于秦淮河埠头上了船。老天也是照应，朗日高照，顺风扯帆，船入得胥溪，一路南下。第三日清晨，船到了杭州断河头。

1．被店家那本诗集惊了

断河头，因菜市河在此断头而得名。所有北向船只，都在此停泊。断河头三面临水，河深埠广，台阶开阔，“一”字落到水中。船家告诉吴敬梓，从万安桥到断河头，四百七十丈河道，官家刚刚疏浚过，这一段，正泊得好船。

吴敬梓掮一条肩搭上了岸，一位同船丝商邀他去蚕行，有供下榻的栈房。吴敬梓说：“有朋友在布政使司做书办，我按地址去司前街找他，也好在这仰慕已久的杭州多住几天，改日定来拜访先生。”丝商细细告诉吴敬梓去司前街的路该怎么走。

眼前的豆腐一桥大街，因了断河头船埠，热闹非凡。这里的酒楼店铺，与金陵的深藏门帘之内大不同。只见柜台临门，柜上盘子连了盆子，盛了卤煮好的油油亮亮的鸡鸭、蹄子、海参、鲜鱼，随食客呼叫了端进堂去。也有小食店，当街支一口锅，下面条、煮馄饨、蒸大肉包子，香气四溢。

吴敬梓本是个初一有钱顾不得初二的主，不过，这一回不同，家境败落，身上也只有不多的几个散钱，要是寻访不到做书办的同乡，他是断断不敢破费进酒楼的。

走到金刚寺前的一家面店，吴敬梓看了水牌，十六钱要了一碗三鲜面条。这面和金陵的不一样，虾肉糯滑，鞭笋鲜嫩，清爽味美。没等吴敬梓细品，连面汤都落进了肚中，吴敬梓还没觉出饱来，毕竟饿了一夜。好在街上的茶馆极多，走了没多远，吴敬梓进了一家小茶馆，叫一壶炒青，吃三个烧饼，才觉得肚里有些意思。

吴敬梓从书上读得，昔日，断河头一带有过不少云游之士。元时的名士成廷珪有诗说："平安一桥吾旧游，君屋乃在桥东头。晚山得月更宜酒，春水到门还放舟。"豆腐一桥也称"平安一桥"，又称"斗富一桥"，是一个既能看到西湖南、北高峰，又可以立马放舟远游的好住处。成廷珪和友人王维贤，总好一起喝酒斗诗。喝得兴起，一句话，解缆放舟远去。

"云门寺前风物幽，布袜青鞋吾昔游。葫芦盛酒待明月，舴艋载琴当上游。"吴敬梓极羡慕这一种葫芦盛酒、舴艋载琴的潇洒云游。宋末元初的文士方回，靠朋友接济在杭四十余年，也住断河头。哪怕生活再落魄，方回还要在这花簇锦攒的杭州城中作诗唱词，出几本集子。这不求功名的逸致，吴敬梓也极喜欢。

一路走去，处处河水，夹桃夹柳，画舫中也有箫鼓之声。这一路流水，或许康熙帝也是来坐过船的。吴敬梓走到清河坊，此地更是喧嚣，还有南宋帝王的御街。不过，他没有过多时间去逛，只想快点找到司前街的藩司。

藩司，也就是布政使司，浙江布政使司在司前街的吴山北麓。这布政使主管全省人事、财粮、土地，执掌之权仅次于一省巡抚。吴敬梓来到司前街，见到布政使司衙门前那一片开阔的青石板广场，正中是冲天旗杆，泼剌剌飘着杏黄龙旗。他穿过高大的方木辕门，走到司署西侧的第三间台门前。

那台门口坐着一个小厮，吴敬梓上前拱手："敢问小哥，是王溯淼王二爷的家吗？"那小厮一看吴敬梓白面短须，又口称"二爷"，晓得是主子老家来的人。他恭敬回道："我家老爷去了处州公干。"吴敬梓问："何时回来？"小厮说："才去没多久，总要二三十日返回。"吴敬梓一听，如同腊月中被浇了一盆冷水，暗暗叫苦。

其实，吴敬梓也没见过王溯淼，只是和他大哥王溯山是至交。吴敬梓掏出怀中的信，交与小厮："这是你家大爷托我带来的家书，烦望递交。"小厮接了信说："先生若是还没下榻，对面郝记客栈可以投宿，来司署公干的，都住那店。这厢有了我家老爷的信，早晚也好和你相告。"吴敬梓道声谢，说道："我要赶去遂安狮城，返回时再来拜访你家老爷。"

郝记客栈就在司前街南侧，柜台后坐了一位老者，擎一本不知什么书，正孜孜在念。这店整洁，店主本地人，姓郝，好脾气，他说了一日三餐要加几钱，一日两餐要加几钱，吴敬梓就认定住这了。

吴敬梓看郝店主的那本书，圈圈点点，是本诗集。他笑说："郝老爹，你开客栈，看这书干甚？"郝店主说："你当这书就秀才看得？这杭城多少名士，都将八股看轻，倒是喜欢这有性情的文字。不瞒先生，这诗我也是会作几首的。"

说着，郝老爹从柜台下拿出一本折子，果真写有几首诗。吴敬梓粗粗一看，写的是杭城山水，虽然缺少机趣，倒也不乏真情实意。杭州的店主能有如此风雅，吴敬梓不禁起了敬意。

2. 吴山大观

吴敬梓下榻的房间，南窗对着吴山。那晚没有月色，满空繁星，有几许灯火伴着狗吠在山背移动，黝黑中勾勒出了山的轮廓，这让吴敬梓动了心。他决定明日先上吴山一游，后天赶紧动身。那西湖，就返回时再游吧。

一早，山上寺庙敲响了悠悠钟声。早膳过后，吴敬梓踱步到正对布政使司正门的上山步道。抬头一牌坊，青石卯榫，二层檐下有一匾，上书“登高览胜”，绿漆嵌色，落款是元平章答剌罕脱欢。吴敬梓心想，这真是一块教化之地，连弯弓射雕的武夫，都有了书卷气。

从牌坊上去，两丈多宽，几十级的青石板台阶，两边高低错落的店铺，以卖香烛冥纸为多。据说，吴山上因为一座城隍庙，又叫了城隍山，来杭的人必定要去拜谒。这一日，虽然不是太热，但几十级台阶上去，又是“之”字形，走得吴敬梓燥热了起来。

在半山道间，有一个衙署似的台门，一打听，原是前朝布政使司的粮道署，一度毁坏，本朝康熙年才重建。这一说，吴敬梓才想起郝店主曾几次以“粮道山”相称这座山，倒也是有了出处。吴敬梓记得，书上说这吴山有几个极具传说的山名，每处都有故事，可惜一时想不起多少。

从粮道署的门前往西，吴敬梓呼哧呼哧再走，眼前亮堂了许多。从树叶间隙中看过去，是镜似的西湖，日头照耀下，湖面泛了金箭似的光簇，湖上舟船像满匾春蚕，蠕蠕在动。再放眼，六桥如带，远山似黛，间有亭台楼阁。吴敬梓失声叫一声“赞”，人间真有这画卷一般的山水景致！

〔明〕陈昌锡《湖山胜概》中的吴山诸庙

山道左首，有一座不大的庵，砌一色水磨青砖，两侧圆花窗也是砖砌，中间两扇对开门扉，上有“蛾眉庵”一匾。看进去，一位女尼正端坐在黄幔金座的观音像下，闭目诵经。庵门前一茶摊，吴敬梓连喝两碗，问摊主老妇该给几个钱，老妇摇手说：“阿弥陀佛，我是施茶，不收钱的。”吴敬梓着实感慨一番，都说杭州景好，人也端的是好。

一边占卦的老者说：“先生外来，可晓得这处风景？”吴敬梓说：“正想讨教长者。”老者说：“你要是酉时来看，就晓得这‘吴山十景’之一‘蛾眉夕照’的好了。”说罢，颔首吟诗一首：

湾环山翠郁岧峣，舒卷湖光一幅绡。
谱入春风画眉样，黛痕深浅镜中描。

这一说，吴敬梓才晓得，此处正对了西湖这面硕大的镜子，有神女端坐描眉的惬意，不禁又啧啧称赞了一番。

再往上走，又是一溜青石台级，坡势有点陡，走得吴敬梓直喘气。走到山顶，居然是一条东西向平坦大街。吴敬梓朝东走去，右首，也就是南侧，是肋排的店铺：杂耍什货、酒菜面饭、测字算命，更多的是香烛与茶点。店铺都是浅屋，后窗敞开，一眼能望见钱塘江。山上微风扑面，走得燥热的吴敬梓凉快了不少。

那左首，也就是北面，全是碧瓦梵宇，依次有白衣殿、关帝殿、三观殿、眼光殿。眼光？吴敬梓走了进去，大殿香烛缭绕，供一位娘娘。殿前的道长，白发苍髯，有几分仙气。吴敬梓作一长揖，讨教道长，才晓得供的是“眼光娘娘”，全称“眼光圣母惠照明目元君”，是道教碧霞元君御前的女仙之一。

听说“眼光娘娘”能保佑众生消除眼疾，明辨是非善恶，吴敬梓便生几分敬意。长年读书，一上年纪，眼神差了不少，他就在眼光娘娘前恭恭敬敬作了长揖。出得眼光殿，吴敬梓再往东走，一路是广福殿、解神殿、仓神殿、财神殿、药王殿。

药王殿，比一路过来的庙宇要高敞一些，吴敬梓不禁走了进去。只见香烛满案的龛中，供了一幅画像，有一点孔夫子的模样。榜牌上写道，这画像是南宋高宗皇帝从汴梁旧京的土地祠带来的，患病之人常到此祈祷。

殿堂中有四根一人抱的立柱，楹联倒也有趣，右侧写“名场利场，即是戏场，做得出泼天富贵”，左侧是“寒药热药，无非良药，医不尽遍地炎凉”。大殿两庑站立的，是汉唐以来二十四位仙医塑像。吴敬梓敬香一炷，一一拜过。

出殿再往东走，刘猛将军庙、王壮愍公祠，规模虽然不大，但也烟雾缭绕，香客络绎。再望过去，隔了硕大的樟树，还有祠庙。似乎普天下的菩萨、神仙，都到这处护佑着一方福祉。吴敬梓心想，要是春秋香市，不晓得会热闹成什么样子。

3. 人间的伍公与城隍

吴敬梓走到道路尽头，还是没有看到城隍庙，倒见了一座伍公庙，榜牌标了“伍公山”。这是吴山中最东的一座，再走，就是下坡。吴敬梓在伍公庙前举目南望，这处离钱塘江近了一些，滔滔江水，舟船如梭，仔细看去，船上的摆渡轿子都清楚分明。

伍公庙祭祀的是伍子胥，一位志在消灭越国的吴国相国。伍子胥含恨从楚地投奔到了吴国，壮志未酬，却死于奸臣的谗言。吴地到此尽，隔江含恨去。在山上这么多的庙宇中，这伍公庙倒是让吴敬梓突生出了几多感慨：当所有人都忘记亡国恨的时候，只有伍子胥仍守望着这一江水，年复一年。正在构思一部小说的吴敬梓，决意要在书中写下一段伍公的执着。

吴敬梓晓得，也有人认为“吴山”是“伍山”之讹的，后来的《万历杭州府志》就称“吴山”为“胥山”。早在南宋那本文化深厚的《咸淳临安志》里就有“吴人祠子胥山上，因名曰胥山”。

往下走了没几步，一座称作“鼓楼”的朝天门赫然现于眼前，朝天门是吴越都城的旧物。吴敬梓并不想就此下山，又返回了伍公庙。他走到了后殿，西看，又见西湖，有传说中许仙和白娘子邂逅的断桥，还有保俶塔。吴敬梓道一声好，这吴山上看杭州，真是一幅山水丹青。

正在犹豫该怎么走，庙外的茶铺走出一位婆婆，叫一声：“大官人，吃了茶去！”吴敬梓进去坐了，要一碗茶，问：“老人家，这山上的城隍庙是在何处？”那婆婆说：“大官人是从环翠楼上的山，还是从十五奎巷上来的？哦，莫非从鼓楼前的山道上来的？”

吴敬梓说：“婆婆，我是从粮道山上来的。”卖茶婆婆说：“噢，你走岔了路，从粮道山上来去城隍庙，是要往南再西拐的。”吴敬梓谢了，见有蓑衣饼卖，就着茶吃了几个。这笠帽似的蓑衣饼，看似层层叠叠，油氽得倒是酥松，放入口中，极酥极细，吃得吴敬梓啧啧有声。

离开茶肆，吴敬梓从原路返回，到了白衣殿，再一路往西。这路上的北侧，依然是庙：水陆财神殿、三官庙、金公祠、痘神庙。哦，吴敬梓看见城隍庙了，在一个高高的岗基上，巍峨壮观，金碧辉煌，比刚才一路的寺庙要高出许多。怪的是，吴敬梓稍稍多走几步，又见一个

吴山之巅的城隍阁

城隍庙。

前一个城隍庙五开间，后一个城隍庙是三开间。前一个城隍庙大殿脊梁蟠龙翘尾，庙前的铜鼎香炉有一人高；后一个城隍庙，要相形见绌，小得多。

问了卖香烛的婆婆，吴敬梓才晓得前一座是浙江城隍庙，后一座是杭州府城隍庙。细说起来，前一座的气魄，不仅仅是因为它管了钱塘江南北十一个府，后一座的见绌，也不只是管了杭州一个府。

要晓得，“城隍”二字，“城”本是指城墙，“隍”是指没有水的护城壕。“城隍”，历来就被看成是一方众生的守护，有神灵的存在，府城、县城都一样。就是乡村、街坊，也有一方神祇土地菩萨。据说，杭州的城隍庙，南宋时供奉的是“保顺通惠侯”。

那浙江城隍庙供的周新菩萨，倒是明朝才有。据说，周新原本是浙江按察使，为人耿直，时称“冷面寒铁”，后人称其为“冷面御史”。不料，周新因得罪了仍掌管锦衣卫的都指挥佥事纪纲，纪纲向成祖朱棣一告状，周新被解职，押送到了京城。

周新要是诚惶诚恐，朱棣或许会开恩。哪晓得周新自恃刚正，大喊：“在内都御史，在外按察使，朝廷法官也。臣奉法捕恶，奈何罪臣？”

周新发梗，朱棣发怒，朕就是法，拉出去斩了！周新大喊：“生为直臣，死当作直鬼！”这时的周新才明白，这天下，皇帝嘴里的话就是“法”。

周新的冤案后来澄清，朱棣也有一点后悔，他假托梦中见到周新做了“浙江城隍”，下旨一道，为周新修建了浙江城隍庙。

吴敬梓走过不少州府，如此有故事的城隍庙，或许也只有钟灵毓秀的杭州才有。浙江城隍庙坐西朝东，那大门是五月十七日大祭才开，平日，再大的官来了，也得走边门。吴敬梓进去，朝周新塑像瞻仰一番，作了一个长揖。

吴敬梓又去了杭州府城隍庙，祭拜了正殿，又进左侧偏殿拜了仁和县城隍菩萨，去右侧偏殿拜了钱塘县城隍菩萨，也算是一府两赤县全兼顾了。吴敬梓见二进院落的墙上，有《祭城隍禳火灾文》一碑，心想，这府城隍庙的菩萨倒是比省城隍庙的多了一些干系。

4. 不只是传说中的风月柔情

下了城隍庙前的台阶，是好大一方平台，平台左右又分出两条下山台阶。往东看去，近处市井城郭，黛瓦粉墙，鳞次栉比，远处钱塘江水浑如玉带，滔滔向东，真是一个山在城中、城有山环的美杭州。

平台左右的下山台阶，再往下又合二为一，成了一路下山的青石板路。路的尽头，有几座牌坊。一位老爹告诉吴敬梓，那牌坊一共四座，名“四牌楼”。过了城隍牌楼，就是城隍庙街（今城隍牌楼巷）。

耿直悯世的城隍菩萨，刚正不阿的伍公神灵，看来，杭州并不只有传说中的风月柔情，还有崇尚铁骨的内里。吴敬梓不禁又感叹一番，如此出彩的吴山大观，值得一写。

再往南走，小街不长，右首是酒仙殿、文昌阁，再过去，又是酒楼、面店，还有一家书肆，让吴敬梓眼睛一亮。看书肆报单，有《钱塘西湖百咏》《钱塘先贤传赞》，有《苏文忠公诗集》《六一词》《白石道人歌曲》，却没有科举范本。那店主见吴敬梓久看不买，客气地说：

吴山十二峰

“先生若要买闱场范本一类，还请劳驾去山下。”吴敬梓听了店主这一说，又对杭州人的俊逸感叹了一番。

短短小街过完，是一片白洁光滑的岗石。吴敬梓走上去，左三圈右三圈，觉出似乎有一些意思。一边卖茶的老妇说：“难道先生也看出了这十二生肖石的有趣？”

这一说，吴敬梓倒觉得有七分似了：眼前这块，还真似独虎屹坐，那处像数羊骤奔。近处狡兔的突起，恍惚见了空中鹰隼突现。远处有马牛惊伏，大概怕猕猴盘踞。再举首上看，飞鼠有意露馋眼，蟒蛇无心伏莽草。有趣味！

吴敬梓走得肚饿，正思量着要返回客栈，只见一人挎篮从南面上来，自称云居山乡人，有面饼和熟牛肉可供。吴敬梓花了十几文钱，面饼裹了牛肉，就一壶茶，吃得一饱。那乡人说：“先生若想可玩之处，往南走，紫阳山登高，瑞石山题壁，都是读书人喜欢之处。”吴敬梓本就好山好水，趁着肚饱，又往南走。

吴敬梓晓得，紫阳山、瑞石山两个山名，也有指称一座山的。他走了上去，一路是山体上凿出的弯曲石磴，上得山顶，果真是吴山最高峰了。此处比蛾眉庵前、伍公庙后看西湖水面更全了。只见南山雷峰塔，北山保俶塔，还有南、北两高峰上的嵬嵬佛塔，以及湖中小岛，隐隐楼阁，全在眼前。吴敬梓赞一声：“好一幅神笔丹青！”

再东看，分明看到了钱塘江水往东的那一“折”。书上说，钱塘江“三折”，是浙江“浙”字之源。眼下这一“折”，已让吴敬梓深感造化的壮哉！这底蕴厚重的杭州，若按《中庸》的说法，真是“载华岳而不重，振河海而不泄”。

吴山“第一山”
摩崖石刻

看得日头斜了，吴敬梓下得南坡，沿路杂树荆丛，怪石玲珑。又走一段，一边是岩石嵌空如悬，一边是灰白巨石绝壁，壁上有不少题咏。吴敬梓走得小心，也没去细看满壁的前人题字。没多久，脚下的石磴又往下延伸，迂回弯曲中见一片光秃秃岩石，峻峭如壁，竖写有斗大三字：“第一山”。左侧不远，有大篆横写“紫阳洞天”，东侧是一个狭长石洞。

吴敬梓喃喃自语：“难道我还没有走出紫阳山？”“是也，非也。”说这话的同时，洞边闪出一个髯须花白的老人，拄一根龙头拐杖，折帽道袍，飘飘如仙。吴敬梓连忙作揖说：“学生不知老道仙在此，失敬失敬。”

道人回揖，他说：“这只是一个以‘紫阳’命名的山洞，当今圣上有题词说：‘吴山景已佳，仙真洞尤奥。

紫霞每封户，初阳亦委照。’先生如果一早来此，就能看到紫霞封洞、初阳普照的仙景。”吴敬梓说：“这吴山真是步步有典故！”老道说：“景是不少，但唯有此处能见出仙迹。你看，这‘第一山’三字，米芾手迹，赞的并非这山是天下第一险，而是仙气所在，天下无二。”

吴敬梓不禁肃然，指着不远的院落问：“敢问道仙，你住那处？”老道说：“那是宝成寺，贫道的住处也就百步之远。先生若不嫌弃，不妨前去品茶一杯。”两人往上走没多远，见一竹门，上书“紫阳庵”。老道说：“这便是敝寓。”进门，见一座楼阁，上有“丁仙阁”一匾。吴敬梓忙作揖问道：“道仙莫非就是丁仙人？”道人说：“非也，先生请坐，细听贫道说来。”

吴敬梓落座，道童敬茶。只听道人说道：“贫道范姓，见先生器宇不凡，敢问尊号，何处人士？”吴敬梓一一答了，又问：“丁仙人与老道仙可是师徒？”范道长说：“丁仙人大名丁野鹤，三百年前已经得道仙逝。”

范道长又说：“初时，远近乡人当他是平常道人。某年元宵，几位施主小聚，席间说起苏州灯会。道仙说，诸位施主要是想看，也不难。众人笑说丁道人大话过了。丁道仙也是酒喝大了，收不回话。他说大家闭眼，万万不可偷看，以免出脱性命。

“众人见他说得认真，也就闭眼照办。一时大家觉得耳边风声呼呼，衣飘若悬。不一会儿，丁道仙说一声睁眼，众人四遭看去，居然在苏州玄妙观的一座鳌灯前了。从那以后，丁道仙声名鹊起。最终，他就是在这楼阁上坐化而去的。”

吴敬梓一时啧啧，他说：“这吴山，名胜也有，仙迹也有，让人好想生出不返凡尘，在此聊度一生的想法。”

告辞范道长后，吴敬梓按了指点，径直下山，顺丁衙巷（又称丁牙巷）东走。不多一会儿，来到鼓楼，返回闹市。

5. 处处不无禅意

次日天刚放亮，吴敬梓出了清波门，沿城墙南走，到万松岭口，奔西而去。

路人已经络绎不绝，都是赶去净慈禅寺烧头香的，听口音，应该是坐夜船刚到断河头的下三府香客。女人蒙蓝土布头巾，衣裳土红、青绿都有，腰间系了围裙，出客一样的崭新。她们中模样生得白净的，日头晒出绯红的，粉底下两颊露出星点雀斑的，都有。她们前呼后喊，生怕丢了一个。当中也有跟了汉子的，夹一把伞，掮一个包袱。

这些女人的双脚大多裹过，为了农事又放过；放过后，为了嫁人又裹过。走得急时，她们有点前冲。也有的雇了肩舆被人抬着，身上的香味一阵阵入得吴敬梓鼻孔，应该是乡绅家的。初夏的杭州，因了这些外来香客，路上倒也活跃了许多。

过长桥，见到了右首高高的雷峰塔。女香客因为边走边看，后面的胸脯顶了前面脊背的也有。当香客们进了净慈禅寺以后，再往西行，人就稀落多了。西湖，画卷似的在北侧徐徐展开：杨柳拂拂袅袅，桃树也结出了小小疙瘩，湖面游船不多，打鱼人敲着船帮赶鱼的呼叫声，此起彼伏。

到了苏东坡用西湖淤泥筑成的长堤南口，吴敬梓虽然望不尽这苏堤，但对这位前辈在被贬时的务实，极是敬佩。宦途蹇拙，这也让吴敬梓想到了吴培源，步子也加快了许多。

再西走，石板路窄了，左侧是山，右侧桑麻水田，老牛耕耘，农事忙碌。到了赤山埠道口，有井四眼，卖酒的青幡高扬，卖茶的炭炉正燃。吴敬梓问了去白塔的路，又买茶一碗，暂且歇脚。

吴敬梓边喝茶边细看道边的榜牌，居然是苏东坡诗：

卧闻禅老入南山，净扫清风五百间。
我与世疏宜独往，君缘诗好不容攀。
自知乐事年年减，难得高人日日闲。
欲问云公觅心地，要知何处是无还。

吴敬梓连诵三遍，心想：人生没有尽心处，随遇而安足慰矣。也只有杭州这等有佛缘去处，方才生得苏公如此禅意。

吴敬梓起身再走，不远处，一座三楹大牌坊，走近一看，是大慈定慧禅寺的头山门。大慈定慧禅寺俗称虎跑寺，有虎跑泉，离头山门还有不少北去的上山路。吴敬梓记得苏东坡有一诗，是赞这禅寺的开山鼻祖性空大师的：

亭亭石塔东峰上，此老初来百神仰。
虎移泉眼趁行脚，龙作浪花供抚掌。
至今游人灌濯罢，卧听空阶环玦响。
故知此老如此泉，莫作人间去来想。

虎跑寺旧影

虎跑泉旧影

“莫作人间去来想”，似乎就是四眼井边那榜牌上“要知何处是无还”的诠释。据说，性空大师“行脚”来到这山，因为无水，本想离开。哪晓得神灵化作两只老虎，一夜间为大师跑（páo）出一泓清水。性空大师醒来大喜，由此定居。

这杭州，不但山水秀美，还禅意尽出。莫作人间去来想，要知何处是无还。这么一想，吴敬梓的步子又快了许多。

吴敬梓赶了两里多路，途中看到有掮了褡裢的路人在行走，一问，也是赶江船的，结伴走了。又半个时辰，到了白塔。

也是吴敬梓有缘，江上的船埠正有一艘富春江的渔船要返回。船主一听搭船，也就要了几个酒钱，说好搭乘到严子陵钓台。吴敬梓好生欢喜，严子陵也是他仰慕的隐士，可惜囊中羞涩，不能尽情去玩，只能是走过路过。

6. 皇帝老儿都要留恋的杭州

要说遂安也是杭州府辖地，盛夏中却比杭城凉快好多。吴培源要吴敬梓过了仲秋再走，好山水的吴敬梓巴不得如此。遂安虽然穷山恶水，夏日又多山洪，不过，处处风景旖旎，还真让吴敬梓流连忘返。

当然，从几年以后吴培源辞去遂安知县，回了老家来看，吴敬梓的这次逗留和对人生的见解，还是影响了吴培源。

回到杭城的吴敬梓，依然住进了郝记客栈。郝老爹一见吴敬梓,连忙说:“司署的王老爷来过多次,说你一到,要我赶紧通报。先生且息了，不要走远。”

也就一袋烟的工夫，吴敬梓听到小二在楼下朗声道：“王老爷，楼上请！”又听小二大声说：“楼上吴爷，有贵客登门！”还不等吴敬梓开门下楼,房门已轻轻叩响。一开门，来人白净脸，高额头，头戴呢檐暖帽，穿一件玄青袍子，外加蓝缎马褂，脚上一双粉底乌靴。

那人一见吴敬梓就问："是金陵来的吴敏轩吴大先生？"吴敬梓连忙作揖说："正是在下，敢问先生就是王二老爷？"那人回揖说："不敢当，正是在下。"

吴敬梓请王溯淼进房间，王溯淼说还是移步一叙的好。于是，两人出门，到了司署门口一家胡记饭店。店小二一见王老爷，屁颠屁颠忙开了，按吩咐先切出一只新出的卤鸭、一盘白肉，又唱菜名："炝海参杂烩，一品锅；炒杭鲜什锦，一腰盘。"

两人也不等菜上齐，喝起酒来。王溯淼先问了自家兄长起居，又说见过家兄的信，真是日夜记挂，诚怕错了先生的回程，幸好，幸好！吴敬梓也说了"差点失之交臂"的话语，又说了安徽全椒这几年旱涝年景。

酒足饭饱，两人起身。王溯淼说："先生要是不甚劳倦，可去寒舍一坐？"这时，司前街灯笼高照，天也有几分凉意，吴敬梓见无什么去处，说声"二爷客气"，也就一同走去。

次日一早，瓦上有了一层微微落霜，日头也是将出不出。王溯淼家的小厮前来郝记客栈告之："我家老爷今日有一桩案卷要了结，让先生附近走走，明日再来恭请。"吴敬梓道一声"劳驾"。也因为昨晚聊得欢，睡得迟，吴敬梓又小寐一阵。临近日中，用了午膳，腰里带几个散钱，往钱塘门外走去。

钱塘门外西湖北岸的游客，比净慈禅寺一路又要多出几成。虽然不是香市时节，但寺院众多，掮了黄香袋的人依然川流不息。吴敬梓没去昭庆寺，径直过望湖亭，到断桥，看过许仙和白娘子那风流韵事的借景，又将腹中的小说酝酿了一番。

宛在水中央

站在断桥上，吴敬梓遥看白堤，只见烟柳尚绿，露草芊绵。再看苏堤，也有六桥横截天汉上，暗云半压秋水蒙的意思。吴敬梓暗暗赞道：这西湖，直是天下第一个真山真水真景致，士人到此，怎能不文思萌发，诗性大涌？

腰中有了吴培源赠送的盘缠，见了王溯淼，更不用担心囊中羞涩，吴敬梓又现出了洒脱本性。见小舟过来，他招手落船，要船家向三潭印月划去。

小船徐徐，船家一边划了桨子，一边说那湖中三塔是三潭的因袭故事，又说石塔上圆孔透月的奇观。吴敬梓微微一笑，他晓得湖中三塔并非“三潭”之说，三潭印月，只是湖中的三个深潭对了皓月的倒影。

船绕三塔一匝，又去湖心亭小岛。这岛中有水，水中有阁，是一处拥有玲珑秀石、清澈池水的园林。吴敬梓走曲桥，进亭阁，匾额是“太虚一点”，有凌空鸟瞰浩渺中小岛之意。二进堂上，有“宛在水中央”一匾，似乎又回到了凡人眼界。

堂中两楹联，右边是“亭立西湖，宛西子载扁舟，雅称雨奇晴好”，左边是“席开水面，恍苏公游赤壁，偏宜月白风清”。出得亭阁，吴敬梓本想再在曲折小桥上盘走一遭，不料此时刮起小风，飘了雨，好在船上有篷，他赶紧回到船上。

船又向花港园划去，这时的吴敬梓倒也觉出雨中西湖的好来。你看，那苏堤在淅淅沥沥空空蒙蒙中，真似一幅“十里花阴夹道迷”“山压红楼树色低”的水墨画卷。苏东坡的“山色空蒙雨亦奇”，眼下倒是更胜去许多。

这人间天堂，倒让吴敬梓想起离家多日，妻儿老小或许稻粱空乏。迎风而立的他，不禁吟出一首七绝：

满地霜华满舵风，桑阴零落稻粱空。
浓沾两袖西湖雨，洒向烟波月色中。

这时，西湖上空阴云淡雾，此刻极似在月下游湖。一种归去桑梓之念，占据吴敬梓的胸中。船到小南湖岸边，正是雨渐渐稀落时分，落了船，隔一道板桥，吴敬梓见

花港观鱼旧影

一座盖在水中的楼台亭阁，上有“花港园”一匾。

走了过去，那园子的门口是个茶室，吴敬梓拣一个临湖的茶桌坐了，要一碗茶。花港园中正有宴请，下人捧了热汤，一碗一碗，从一旁的厨房，沿了长廊，进了亭阁那头的厅堂。

如今的花港公园水阔湾浅，树木繁茂

卖茶的说，有府署的老爷今日在此请客，不好进去游了。吴敬梓见茶室的柜上摆了橘饼、粽子、烧饼、芝麻糖、云片糕、煮栗子、烘青豆，每样买了，就着茶，吃了一饱。见雨稍停，赶紧走南山的小路，返回清波门。

回到客栈，王溯淼的帖子已在柜上。吴敬梓一看，是明日在花港御书楼边的园子，王溯淼设宴恭请。吴敬梓一看是花港园，心想，杭州人请客，还真讲究一个养眼的去处。

次日辰时，吴敬梓上了接他的轿子，出清波门，直奔花港园。王溯淼和几位同僚，早在园中等候。昨日被人挡，今日座上宾，吴敬梓心想，真是巧呢。这日，酒馔点心十分丰盛。酒席间，众人把盏言欢，说的无非是一些济世经邦的话语。倒是酒后顺着花家山下来的小溪，顺源而上，极称吴敬梓心意。

据说，最初在花家山溪流的曲水幽港边建这一片园林亭阁的，是南宋内侍卢允升。卢园虽然久已荒废，但后来的修葺，也让花港留下了美名。

众人又去看了康熙帝题碑的观鱼处，只见碧水清澈，红鲤竞游。可惜，已过了群鲤抢嘬落花的季节，少却了许多诗意。

这花港园虽不大，顺着西来的淙淙溪流，弯弯曲曲间，花木扶疏，山石奇峻，临水亭阁，清新幽静。又见溪边小径萦纡，菊绕竹立，走过去，又是一片蕉叶遮天、步步是景的太湖石洞天。吴敬梓直直在心中感叹：好园林，难怪皇帝老儿踏上这地儿，也要留恋难舍。

赘言：

胡适说："安徽的第一个大文豪，不是方苞，不是刘大櫆，也不是姚鼐，是全椒县的吴敬梓。"1922年，胡适在北京琉璃厂淘得吴敬梓《文木山房集》两本，他说："此是中国文学史的重要史料，在当时为天地间仅存的孤本。”

是的，后人只知吴敬梓《儒林外史》中的人物来过杭州。明眼人读去，说的也不仅是杭州山水之美，更多的是借杭州士人，表达对“时文”即八股文的否定。

本章以又一轮的夏季风光为由，借吴敬梓所见的士人所具有的不迎合功名的真性情，写出最能与山水相媲美的又一种杭州的人文品质。

参考文献

1. 〔清〕吴敬梓：《儒林外史》，浙江古籍出版社，1997年，第92—101页，第111—119页。

2. 〔清〕丁丙：《武林坊巷志》第一册，浙江人民出版社，1986年，第407、450页。

3. 〔清〕丁丙：《武林坊巷志》第二册，浙江人民出版社，1987年，第412、692、799、826页。

4. 〔清〕丁丙：《武林坊巷志》第三册，浙江人民出版社，1990年，第73、229、574页。

5. 〔清〕丁丙：《武林坊巷志》第五册，浙江人民出版社，1987年，第678页。

6. 〔明〕田汝成：《西湖游览志》，浙江人民出版社，1985年，第24、31、56页。

7. 孟醒仁：《吴敬梓年谱》，安徽人民出版社，1981年。

又一个秋天：大庇学子的善举

同治十二年（1873），癸酉年，三年一次的乡试又将到来了。宁波府象山县东陈乡秀才陈素涛，告别妻子陈孔氏（名粹贞），上了渡船。迈着小脚的陈孔氏再三叮嘱："到了省城，找到落脚点，赶紧来信报个平安。"陈素涛说："娘子放心，今年不比庚午年，找到住宿会容易一些。"

渡船鼓帆，顺风南下，眼看娘子渐渐远了，三年前的庚午乡试，一如象山港上滔滔海水，一幕一幕，在陈素涛脑中展映。

那是同治九年（1870），陈素涛第一次赴省城杭州参加乡试。近一个月的日子，却让回到象山的他半年难忘。

1. 杭州的受惠记忆

陈素涛，名昌朴，号白山，以字行。儿时，陈素涛随父亲到过省城，对贡院仪门和高高的明远楼瞭望塔记忆极深。贡院三面是水，篱笆墙长满密密荆棘。他父亲说，康熙五十年（1711），贡院内有一万二千二百七十六间考生号舍，任何一个省城都没有多过这个数。

为啥？因为浙江人文特盛，大比之年，赶考人几乎都是全国第一。陈素涛的老子说：“儿啊，好好读书，早晚你要进这仪门，博一个功名。”

三年前的庚午乡试，陈素涛的父亲虽然已经过世，但陈素涛还是信心满满地来了。那时杭州经历过战乱没几年，尚未全部恢复。陈素涛也怕在杭州找不到居宿，提前十天来到省城。只见青云街上不少房屋正在修葺，有几家文房四宝兼卖考场网篮的店，倒是赶在大考前开张了。

要说这贡院前的青云街，虽然半条街尚是断垣残壁，但也比象山县城的庙会要热闹多了。贫寒的学子掮了雨伞包袱，富家子弟有书童挑了担子，不多的几家刚开张的客栈，早已人满为患。陈素涛从北头的西桥，走到南头的登云桥，找不到没有挂“客满”牌的客栈。

再往南走，到许衙巷口，陈素涛见到赵记面店时，正好肚饥，进去点了一碗面，近柜台坐了。那店主花白胡子，一口糯糯的杭州话。陈素涛说：“劳驾老爹，附近何处还有住宿之处？”说这话的口气，宿资贵贱是无所谓了。

店主赵老爹说：“不瞒相公，前几天贡院除草清秽、盖瓦修葺，藩司一贴告示，呼啦啦来了不少人。锄了一天草，还捉出不少拇指粗的青蛇。可怜那蛇都是有洞窟窿住的，捉蛇的人那天却是露宿，当晚还下了雷雨。你说相公，这一带还会有客栈？”

赵老爹又说：“青云街曾因战乱大火冲天。相公你看，对面卖网篮的翰海堂书铺，那一晚大火刚扑灭，老板周汇西，一副老骨头，不要命地进了危楼，拣了没烧尽的书八百多本。要不，这书铺哪能像我小面店，说开就开张了。”

赵老爹还说：“乡试停了两届，如今大比之年，像你一样来赶考的相公，这几天到小店来过不少。”说话的工夫，又进来几个掮雨伞包袱的赶考人。陈素涛呼呼噜噜吃下面条，赶紧出了店门，继续往南找去。

省城的日头也不比象山来得猛，但桂花蒸的日子，闷得很。陈素涛从青云街走到大福清巷，又到司马渡巷，再过下珠宝巷、上珠宝巷，一直到城南堂子巷，几家客栈都高挂了“客满”。陈素涛走得油头汗出，才看见一家澡堂，挂了“投宿”牌子。进去一问，换衣间还有一个铺位。

店家是热心的杭州人，说好每日亥时，也就是西洋钟头晚上九点到十一点，澡堂打烊，陈素涛可入店就寝。这不，也就几天的工夫，赶考的人一多，寮檐下蜷缩过夜的人都有了。

八月初七，为了次日进考场不至于着忙，陈素涛想在赵记面店的板凳上对付一晚。店倌说，一张条凳一个人，租光了。陈素涛没办法，那晚只好在寮檐下和几个本邑考生露宿。没想到，雷公单打瘸脚佬，半夜一场阵雨，湿透了陈素涛半边身子。

就这一晚上，陈素涛头脑有点涨（zhàng）。好在妻子给他备了避瘟散，头六天两场考试，陈素涛总算对付了。到了八月十五日第三场，考经学时务策论，因头个晚上他忘了火盆加炭，半夜受了凉，那天浑身热了又冷，冷了又热。

出了考场，陈素涛到赵记面店，趴在桌上，昏昏沉沉的。赵老爹宅心仁厚，晓得他一半是受了秋凉，一半是急火攻心，赶紧要伙计腾出柴房半角，让陈素涛躺了。

吃了赵老爹两天面汤的陈素涛，第三日起来，给老爹磕一个头，奉上几分碎银。赵老爹说："相公若不嫌弃，再住几日无妨，银两我断断不能收。外地府县人，来省城落了难，哪一个杭州人会不助你？"这话说得陈素涛连连作揖。算算开榜还有十来日，他便返回象山去了。

到了开榜日，陈素涛名落孙山。

2. 陈素涛二赴考场

这三年，陈素涛总念叨杭州人的好，说自己时运不济，病生得不是时候。他又将应试的《论语》《中庸》《大学》《孟子》等揣摩了几遍。

同治十二年（1873）的秋闱到来之前，听说鄞县的乡绅正在集资，要在省城盖一所供鄞县赶考人落脚的房舍，陈素涛感叹不已：这种既为省城的复兴出力，又为本县考生造福的事，象山人怎么没有想到？这一次赴省城赶考，定要好好了解一番。

那天，陈素涛去了县学办理亲供投状，听学正说，今年宁波府的考生比去年多了三成，全省不知又要多出几数，中举的难度估计要大一些了。陈素涛有了第一次考试的底子，倒也不怎么担心，他想的还是住宿，准备提前出门。

几天以后，28岁的陈素涛告别妻子，坐船南下，先到了萧山西兴。为了在省城多住些日子，这次他备了一副被褥担子，在西兴码头雇得挑夫，上了钱塘江渡船，到海潮寺码头。

比起三年前，如今省城热闹得像是县城的年底。望仙桥河下那闻名省内外的药材市场，沿了靴儿桥河下，挤挤挨挨全是摊位。河上那买卖药材的船，逶逶迤迤也有半里地，一路药香。陈素涛心想，怪不得叶种德堂、胡庆余堂、方回春堂、朱养心膏药店全聚在这一带。

青云街更是今非昔比，沿街的店铺，幌子挨着旌旗，呼啦啦抖动。虚白斋笺纸、林云楼装池（书画装裱）、沈茂才笔铺、翰海堂书铺、陈云杓刻石等，都开始卖起了考生进贡院的网篮，人头攒动。这网篮，陈素涛三年前也买过，篮中配了笔墨砚笺、罐盆壶杯、吃食果品。篮上封红纸一张，有写讨彩之语“助尔抡元”的，也有只写“解元”的。

考生每一场都拎这网篮进贡院。网篮能装三天伙食，主食多为糕饼，佐以咸、酱一类荤素菜肴。依习俗，上一届的网篮，落第了就弃置不用。陈素涛不在乎，他还是带上了，一则讨个“熟能生巧”的彩头，二则店家配的吃食，总没有亲手搭配的遂心。

没想到，这次全省的考生不但多，还因了上届的吃亏，来得更早。贡院远近的客栈，都挂上了“客满”的水牌，住家也有沾亲带故的考生借宿。陈素涛找到三年前那家澡堂，也没了铺位，急得他满头是汗。西兴的担夫说：“先生，眼看日暮，小的要赶末班船回西兴哉！”陈素涛只得和他一起往望江门赶，连走带跑，出汗如浆，总算在望江门外的乡下人家落了脚。

十一个府的考生，逐日增多。临到开考，陈素涛早没了揣摩新科闱墨的心了。他一早去青云街看告示，又去看何处空闲地离贡院最近，最适宜盖应试生居舍。有时，也去赵记面店坐坐。到末了，果真连店家的一张条凳，都有坐了两个人打瞌睡的。

当贡院门外贴出对联：“下笔千言，正桂子香时，槐花黄后；出门一笑，看西湖月满，东浙潮来。”进考场的日子，也就到了眼前。

陈素涛怕当日一早路远误事，他和面店赵老爹说，想借柴房一角暂住八月初七一夜。赵老爹为难地说：“小店生意忙，招了个伙计，那柴房好不容易腾出一个角落给他当了铺位。柴火也堆得高，小老真担心半夜倒下来，砸了伙计。”

见陈素涛发呆，赵老爹说：“要是相公不弃，等小店打烊，来老汉房内胡乱歇一夜。”陈素涛深深作了一揖，杭州人的厚道，感动得他无话可说。那一晚，陈素涛半躺在赵老爹的箱柜上，聊了一阵才吹灯。不过，店堂中考生的嘈杂，还是让他久久不能入睡。

八月初八天刚放亮，陈素涛来到贡院，和众考生一起列队投状；又等诸考官入闱门，祭天地，谢皇恩，再候主考官进了后堂内帘，这才提了网篮，依次等候挨个搜查，进了闱门；再到正襟危坐的学台大人面前，等候按个点名。

过了“龙门”，也称“二门”，陈素涛眼前一亮。三年前的长长泥甬道，如今已铺上大方青砖。号舍前的辅甬道，以及每一间号舍，也是方砖铺地。要是大雨，再也没有脚踩烂泥之苦。连饮用水，也有竹管引入。

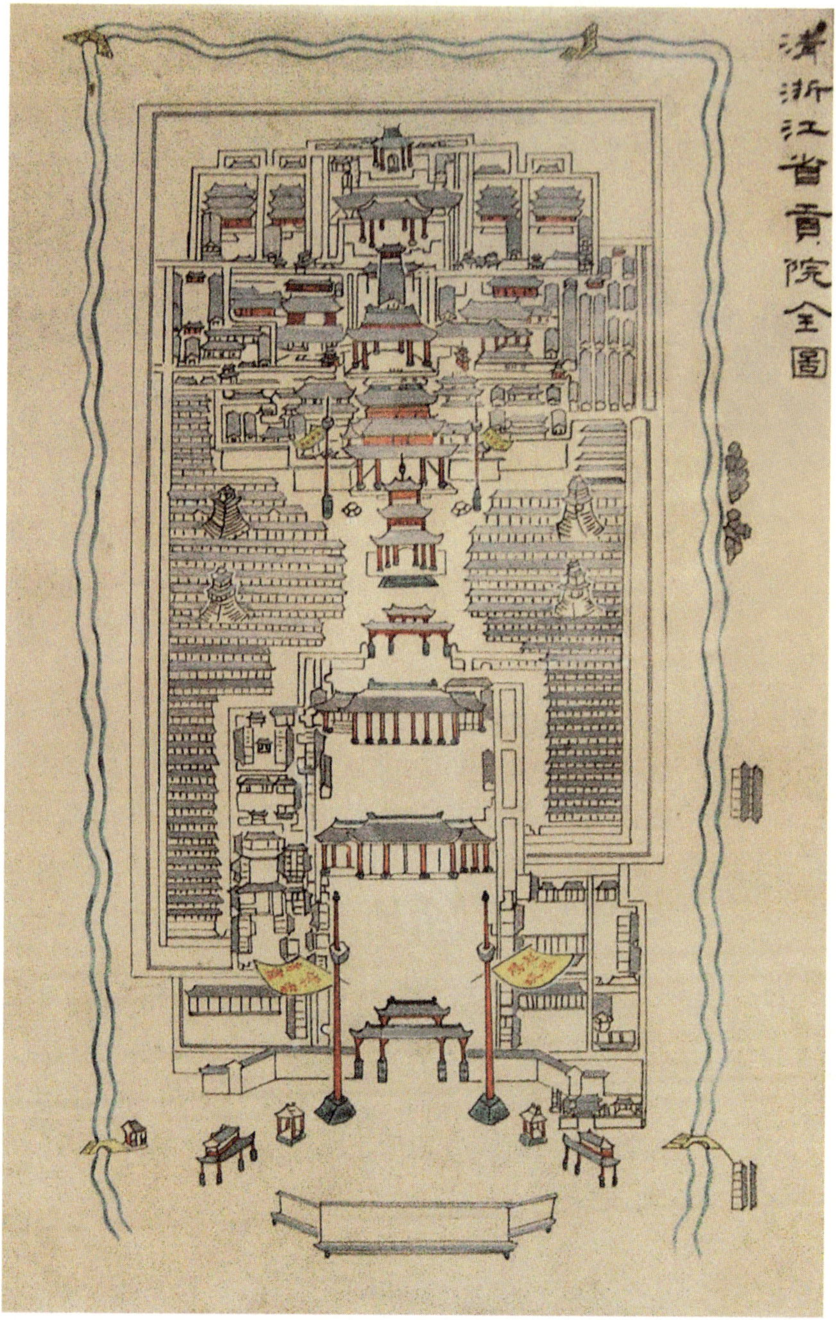

清浙江省贡院全图

陈素涛将叠放的案板分桌板和坐板搁置好，此时，见左壁上有诗一首：

明远楼头漏未终，棘墙官烛照来红。
最怜此夜麻衣客，病在西场号舍中。

陈素涛大吃一惊，这不就是三年前自己的遭遇？他赶紧作揖，祈祷神佑。

头场考经义，题出“四书”，陈素涛写得顺手。二场，试做诏、判、表、诰各一道，源自“五经”，也得心应手。八月十五日第三场，考时务策论，陈素涛揭题一看，是“兴贤恩诏”。或许是连日紧张，到了晚上，三根蜡烛烧尽，他还是不满意初稿。

陈素涛抱膝假寐，越想越是心力交瘁。次日又狠命用心，好歹做了。听人说，试卷没有半个添注涂改，考官阅卷时，要比有涂改的卷子沾光。第三日，陈素涛就在这上面用了功夫，恭恭敬敬地誊写。谁知日上三竿，号角吹响，来了役使，嚷着抢收卷子。

陈素涛一急，卷子倒是交了，心神却不宁了起来。这种事赵老爹见得多，总说陈素涛揣摩功深，必中无疑。这一番贴心话，多少也让陈素涛宽心了许多。

好在近处的府县考生，大多辞去旅舍，回家等信去了。陈素涛和不少投宿无门的温州、处州考生，也就住进了旅舍。温、处两地比象山路途更远，开榜的邸报，至少要比其他地方迟两三日才送达。陈素涛想在省城等待开榜，也好再打听一下考生居舍的建造之事。

日子也快，到了九月初九，陈素涛一早去看发榜。

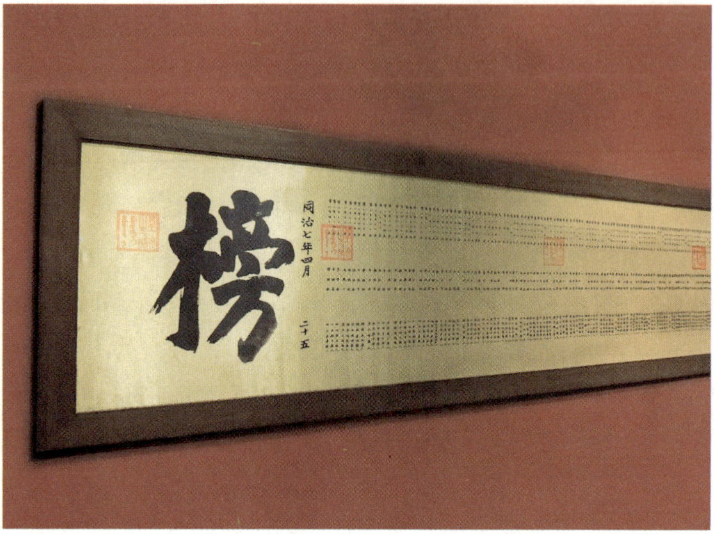

一榜定前途

他挤在人群中，役使贴一张，他看一张，看到末了，没有“陈素涛”。他再看一遍，还是没有，精神登时恍惚了起来，踽踽向望江门走去，全然不顾天色突变，雷雨倾盆。

当陈素涛清醒的时候，他已躺在百岁坊巷栖流所内。这栖流所是同治三年（1864）左宗棠收复杭州后所建，专收周围四十里内流落之人。有病治病，有难助难，无业者一旦查明有偷摸的，就安排在所内学艺习工。饭食茶水、冬棉夏席，样样不缺。杭州这一善举，全国也极少见。陈素涛说明了身份，没几天就出了栖流所。

回到客栈的陈素涛，不久登船返家。因为身体病弱，比来省城时又多了一天路程。七百五十里的江船海舟，又加步行，回到老家的陈素涛就卧床不起，没多久，离开了人世。

3. 妻承夫志，捐家纾难

陈素涛走后，陈孔氏一直茶饭不思，目之所睹，耳之所闻，都是夫君的音容。夫君生前说：“娘子啊，听说鄞县人正在省城盖考生居舍。我来日不多，你要为我了却这一心愿，为省城兴事，也为象山考生盖出一所好居舍来。”

陈孔氏出身诗书之家，父亲孔继忠，是国学生。在象山，孔家虽不及萧、何、欧、俞这四大家族富及一方，但也是小有田产的大户。那几年，陈孔氏总是独坐凝思，念念有词。有一天，她突然一个激灵：集资太烦，何不凭我家田产，一家独自出资？这一想，陈孔氏来了头绪：哪怕倾家荡产，我也要在省城盖一所考生居舍，了却夫君遗愿！

她马上找来夫家堂兄陈南屏，要他去一趟县署，了解一下省城盖舍的要求，再找人匡算一下大致费用。她说，豁出家中的几十亩田地，要盖也要盖得比鄞县人的馆舍大。

都说绍兴人慎思，衢州人憨朴，金华人耿直，宁波人敏捷。第二日，孔氏当即去了鄞县亲戚家，得知在省城主持鄞县考生居舍的范樾，和娘家还有一点亲故。回到象山，陈孔氏马上写了一份禀文，要陈南屏交与象山县令，请县署向省城发一个文，说象山县民妇陈孔氏粹贞，愿意独人出资，在省城建一处居所，供本邑考生住宿。

省城和象山就这么一来二去走开了公文，最终，县署发给省城布政使司署一份陈孔氏粹贞的财产证明，即二十二亩四分二毫水田契约的确认。不多久，布政使司署也发来了同意陈孔氏在省城盖房的函折。

光绪十二年（1886）五月，三十出头的陈孔氏要去省城，那是她心目中一个遥远的地方。这一日，在陈南屏，以及同乡秀才郑秀文的陪同下，陈孔氏头戴黑缎刺绣抹额，穿一身宽袖及膝的绣花边素净上衣，浅蓝直裰裙，携了15岁的儿子陈绍峣，一起上了船。

船行两天两夜，陈孔氏等来到了省城杭州。一干人在海潮寺码头雇了轿子，径直到贡院前东桥，找到凿石巷鄞县会馆，看到了一座新建的青石条大墙门。

进大门轿厅，过左侧二门，见一个天井，右首一排庑房。一个管事模样的人得知他们找主事范大人，回答说正在后面议事厅。他引了陈孔氏等人走过庑房中间的通道，又过一个天井，正北面是正房的厅堂。只见一位身穿天青外褂的斯文人正在和工匠说话，他便是范樾。

范樾晓得眼前这位落落大方，还有点沾亲带故的妇人，正是要独资盖应试居舍的陈孔氏，十分敬佩。让座、敬茶，一番寒暄过后，范樾带众人看了正堂后面甬道两侧的客房，一面十间，窗明几净。范樾告诉陈孔氏，每间客房按六人的居住标准，配备床柜、桌椅、灯烛，每三间配备一间起居会客室，一间盥洗厕所。

再坐定，说了盖房的事宜，譬如购买土地的交纳税银，又譬如“会馆”二字，原本是参照各省城在京城中为会试人盖房惯例取的名。范樾说，朝廷对地方盖“会馆”尚未规范，藩台（布政使）许应鑅对省城复兴极为迫切，各类手续也较便利。

说到许应鑅，范樾对这位广东番禺人相当敬佩。他说许大人是一个开明之士，博学、干练，还兼任护理（代理）浙江巡抚。范樾又说：“许大人知道象山盖馆的事后，也极钦佩夫人，知道你要来省城，再三交代，他和他的夫人都想见你一面。”

出了鄞县会馆，陈孔氏去了许衙弄口的赵记面店，封了几两银子，谢了赵老爹对夫君的照顾。赵老爹还礼不迭，他说：“夫人，这银子小老断断不能受。”陈孔氏哪里肯依。赵老爹说：“夫人，你真折煞老汉了，府县上的人到了省城，有了难处，我们应该帮忙的。”

次日，候着许应鑅从巡抚衙门回来时分，陈孔氏等人在范樾陪同下，去了司前街布政使司的许应鑅住所。陈孔氏晓得，如今虽然时兴洋务，像她这样的新孀，按大清典律，也允许出面为亡夫经办未竟事务。不过，这要是在象山县城，她能如此进出官府，拜见官员，也是一件不容易的事。省城杭州开风气之先，又有许藩台这样的开明官员，着实是地方幸事。

门房见是范樾，赶紧进去通报，不久，出来说：“老爷有请。”众人转过屏门，穿过堂，迎面一间大厅，有十几副出巡时的衔牌：“癸卯科举人”“赐进士出身”“浙江布政使”“护理浙江巡抚”“钦点从二品主政”等。又转过一重屏门，方是一个大院子，上面五间大厅，正厅上悬一块“崇耻堂”匾。

众人在正厅西侧一间小花厅坐下，一个小跟班将花厅后侧的门帘打起，只见有一张广东人特有的清癯微黑的脸、两撇胡子、着蟒袍补服的许应鑅走了出来。他拱手，笑着说：“失迎，失迎！”众人急忙行了大礼，陈孔氏又单独叉手顿腰请了安。许应鑅忙不迭地回礼，说声“请坐”，跟班一一上茶。

许应鑅先说了一番对陈素涛的哀悼，他说：“自遭战乱以后，前几年尽管大帅（左宗棠）积极运筹，朝廷又准许‘招商开市，停杭关税’，全省有了一个好的开端。不过，万事起步，左右制约，总难遂意。”

他又说：“‘彼其之子，邦之彦兮’，是《国风》中早已经有的名言。举试录士，振兴国运，实是当今大事。建好考生试馆，让每一个应试人住宿无忧，本是我藩台职内之事。但眼下百废待兴，朝廷南有‘海防’，北有‘塞防’，官署财竭，举日维艰。当许某得知夫人你能捐家纾难，助省城振兴，深感敬佩。”

“早闻大人在江苏按察使任上，有‘许青天’之誉，办事干练开明。今日一见，名不虚传。”陈孔氏说，“振兴省城，不光是杭州人的大事，也是浙人的本分。若能使省城杭州早日兴盛，成为各邑纲举，民妇义不容辞。”

许应鑅又称赞了一番，回身让跟班叫来师爷。师爷拿来了 一张“仁和县平安里二图”的地契附图，他告诉陈孔氏，图上标明的这块六亩六分七厘空闲土地，在文龙巷，离贡院才三百步之远，比鄞县会馆更靠近贡院。

陈孔氏说了一番感谢的话语后，递上象山的二十二亩四分二毫田契，还有房屋地契，共计六千余两的银价文契，交与许应鑅验证；又附上在杭州近郊购买的二十亩田地并以每年收租作为会馆日常开销之费的保证。许藩台将这些契证交与师爷，要陈孔氏与师爷交洽，具体办理土地税银、领取准文、地块移交等事，并说：“日后的盖房，也将由师爷会同府县一应处理，夫人尽管放心。”

事后，许应鑅邀请陈孔氏进入后院，许夫人已为她设了接风家宴。

4. 添彩的象山试馆

不日，建房司务根据土地，绘出居舍图纸。除了议事厅、管事房，一共盖建应试人居舍九十九间。陈孔氏交代说："省城要有省城的气派，每一间客房不能搞得太逼仄，要让住宿的应试人有如家之感，又有同志切磋之乐。"为了达到这种从容、舒适的居住标准，陈孔氏提出每两间客房配备庖湢（膳房、厕卫）一间，并以贡院号舍的布局为例，每三间房为一个号。

这么一分，九十九间居舍共分三十三个号，实际客房六十六间，最多可容纳两百六十四位应试人同时居住。陈孔氏说，居舍盖成以后，首先要满足象山应试人；如再有宽裕，也可接纳宁波府的其他应试者投宿。

没几日，按照陈孔氏的要求，居舍分布和舍内布置样图绘了出来。每一间居舍，中间配一张长桌、两条长凳，既可学习，也可会客。居舍两侧安置床铺各二，按四人标准配备被褥箱柜，又预留出了增加客人床铺的位置。

陈孔氏以女人独具的细腻，关照说："庖湢（膳房、厕卫）要有过道隔开。最后一进后院要多种一点桂花树，这不仅是应季之树，还寓意'折桂'。院中挖掘池塘一口，养点鱼，既能给应试人一个舒适环境，让他们更好地揣摩闱墨，还能储备防火用水。"

陈孔氏委托郑秀文留在省城办理先期的木料、砖瓦采办事宜，还有盖房文契等一干事务交接。临走之前，陈孔氏又决定留下儿子陈绍峣，在省城他可一边求学，一边协助郑秀文。她还聘请范樾为盖房的事务监理，协助后期盖房。一应关照完毕，陈孔氏才和陈南屏返回象山。

都说好事多磨，这也是陈孔氏最担心的。到了七月，“多磨”的事情还真来了，热心盖馆舍的许应鑅被朝廷调到多事的广西去了，江苏巡抚卫荣光接任浙江巡抚。这一来二去，让郑秀文凭空多了几道反复的手续。

接到此信的陈孔氏，急得日夜不安，生怕耽搁了两年后的秋闱，她差点又要赶去省城。好在郑秀文来信说，在范檝的斡旋下，象山“会馆”改了“试馆”的名称后，已定在光绪十三年（1887）正月十六日破土动工，如今万事俱备。

一边是紧张的动工，一边是焦急的等待，其间少不得几天一封的信笺。有话即长，无话便短。转眼到了光绪十四年（1888）六月，象山试馆的九十九间房舍终于大功告成，开始了馆舍物品的布置。这一年是戊子，又是一个大比之年，青云街一带，秋闱带来的商业气氛，一日比一日重了。

想到象山的应试者将在八月初汇集省城，陈孔氏坐立不安了起来，尽管郑秀文的来信已答应按她要求在八月初一开馆。到了七月中旬，陈孔氏在家还是心神不定，干脆在陈南屏陪同下，冒着酷暑，又来到了省城杭州。

这时的杭州，和天气一样，街市已一片火热。省城之枢能如此日趋繁荣，在陈孔氏看来，各邑的兴盛也就有了。一路上，想起夫君陈素涛，肩舆上的陈孔氏不免伤感了起来。

到了文龙巷，看到那块“象山试馆”的匾额，看到那一座青石条门框的台门，下了肩舆的陈孔氏伫立良久。她从腋下掏出手绢，抹去眼角泪水。郑秀文早在信中告诉她，“会馆”两字在省城不能用了，陈孔氏心想“试馆”

也好，省得和商贾的同业会馆有所混淆。

陈孔氏也得知，这贡院附近因为没了空闲之地，后来的“奉化试馆”去一里地外的升平街建了，她庆幸自己先走了一步。陈孔氏转身要进台门的时候，似乎看见夫君陈素涛掮了包袱雨伞，正从巷子那首走来，到了“象山试馆”的门额前，陈素涛一脸欢喜，好像在说：“本邑的馆舍与贡院是如此的近啊！”陈孔氏一个激灵，陈素涛消失在了她的眼前。

陈孔氏稍作休息，在郑秀文陪同下，迈开了小脚，看过六十六间居舍，又看三十三间庖湢。她连锅碗瓢勺、铁炉铜壶水缸都一一看过，连连点头。陈孔氏说：“本邑的考生，能在这么一间居舍中家人一般地生活在一起，切磋学业，也是对他们的激励。但愿他们的父母妻子都能放心，也愿他们能高中。”

范樾闻讯到来，一番寒暄，他递上了房屋按图纸建造的监理记录，还有建筑进程、材料投放记录等。陈孔氏起身向范樾道一声“有劳”，从行囊中拿出一封银两，奉与范樾。她说：“范长辈如蒙不弃，请收下这滴水之酬，民妇实在感激不尽。”

“夫人与范某，都是为省城的振兴、家乡的学子，尽绵薄之力，不齿言及钱财。”范樾坚辞不受，说，“今年各县在杭的试馆，已纷纷在建，象山试馆这般的大气，在省城中也是首屈一指了。”

这话并非恭维，这一所位于后来的文龙巷 34 号的象山试馆，投入大，知名度也大。哪怕十七年后的光绪三十一年（1905）废除了科举，象山试馆仍是本邑人士来杭的落脚之处。后来马叙伦在《石屋余渖》一书中也说，1905 年的杭城，只有三桥址直街的爵禄客栈（原为象山试馆）稍微像样一点，其他客栈都逼仄，不堪居住。象山试馆建成后，在当年可称得杭城旅邸中的品质之范。到了民国中期，象山试馆的住宿条件，依然称得上乘。当年如徐孝杰，即“左联五烈士”之一的殷夫，就是象山试馆的常住户。殷夫的哥哥徐培根，军事理论家，也在此住过一段时期。当然，这是后话。

范樾走后，郑秀文递上了建房账册，记录了材料买卖、家什清单、工役开销等。陈孔氏和郑秀文说：“兄长辛苦，象山试馆全蒙你上下打理，才能在省城有如此名望，这也是我们象山人的光彩，还望兄长继续助我。我也为兄长备有一份酬金，已经存入兄长账上，还望兄长不弃。”陈孔氏不让郑秀文过多客气，她说：“这是兄长应该得的。”

陈孔氏走到后院，她说：“秀文兄长，秋闱就在眼前，在象山县城，我已经托人贴了告示：本邑应试者前去省城本馆投宿，按先后次序收留，优先派定床铺安顿，饮食悉备。凡象山考生，无论贫富贵贱，一经入住，分文不收。这告示，不日也要兄长劳心，写几份出去。”

“如果临近秋闱日子，居舍还有空闲，也可让其他县邑的应试者前来投宿。如已住满，不得强挽。当然，自愿者也可以在同房间中增添床铺，不要拒人门外为好。对于贫寒之士，本馆除了免费提供膳食，无论他们中举与否，返乡时都要赠予程仪（车船费）一份。我家在象山还有几亩薄产，只要不遇灾荒，还是能承受得了的。这其中的管理，还要劳驾你们制订一份议规出来。”

陈南屏和郑秀文连连应道：“夫人说得极是。”

这一年的八月上旬，青云街又人满为患。在各邑试馆尚未投入之前，尽管旅舍、客栈又比三年前多出了不少，但毕竟这是一个全年冷热不均的行业。近万人的考生涌入，还是让省城的旅舍、栈房应接不暇。象山试馆的第一年投入，因为兼备餐食，六十六间客舍全住满，大慰了陈孔氏的一腔热心。她在整日忙碌中，一脸欣喜。

在象山试馆住过的考生，也没有辜负陈孔氏的一片苦心。后来被章太炎称作“浙中朋辈，博学精思，无出阁下右者”的陈汉章，还有清廷资政院议员王佐等象山籍秀才，都得到过象山试馆的惠及，乡试时一次中举。

乡试结束，陈孔氏也考虑到居舍的空闲，托付留在省城的郑秀文可以酌情租宿。陈孔氏回到象山的第二个月，也就是这年的十一月，浙江巡抚又换任了，新任巡抚是胖胖的瓜尔佳·崧骏。

贡院里的御碑旧影

这瓜尔佳氏是旗人的一个大姓，但崧骏却是一个没落人家的出身，靠十年寒窗才得以中举。崧骏入了宦途以后，口碑一直不错。当他得知一个偏远邑县的民妇陈孔氏，为了考生做出这么大的善举时，钦佩得五体投地。他豁出老脸，给光绪帝上了一份求赏赐的奏折："奴才查象山县已故廪生陈素涛之妻孔氏，仰承夫志，在省垣建造乡试会馆，并捐置田亩以作岁修等费。俾乡试之士得以从容就寓，不致绕匝无栖。"对此，浙江布政使司已"核共所捐价银至五千余两之多"。

崧骏请求光绪帝给予陈孔氏表彰（"仰恳天恩俯准照例旌表"），崧骏还为光绪帝想好了表彰的四个字："乐善好施"。在清廷国库涸竭的情况下，崧骏也算是为朝廷想到了细处，他提议：这"乐善好施"筑成牌坊的费用，由陈孔氏自行出资，"伏乞圣鉴训示"。

一省之巡抚，为了一个给省城建设增光添彩，给莘莘考生有庇护之舍的民妇请求皇帝表彰，也算是晚清官

贡院旧址上的杭州高级中学贡院校区

史中的一抹亮彩。光绪帝在日理万机中，也给了崧骏一道极“白话”的批示：“著照所请，礼部知道，钦此。”

光绪十九年（1893）春，皇帝御笔“乐善好施”的题匾，千里迢迢送到了象山。象山知县陈凤诰，也跟风赠了“义举可风”匾额。

为了这件浙江的幸事，德清名士俞樾特地以他如椽之笔，写了《象山试馆记》，立碑文龙巷。

赘言：

又一轮秋天，乡试是科举时代永远说不尽的秋季话题。本章虽然借了这话题敷陈，说了“同光中兴”杭州的复建，说了人的真善美，但更要说的是，这城市的复兴，渗透了几多外邑人的心血，以及他们的无私付出。

这只是一个陈孔氏的故事，涉及的不仅是报恩，也不仅是深明大义的捐家纾难，还说明品质之城的养成，从物质到精神，不但包含本地人的素养使然，还有外来人之倾心注入。而后者，更是一座品质之城能不断得以升华的根本。

直至今日，正在快速发展的大杭州，依然有这些可敬的外来人的助力。

参考文献

1.〔清〕丁丙：《武林坊巷志》第六册，浙江人民出版社，1988年，第6、40、91、123页。

2.〔清〕俞樾：《象山试馆记》，载《春在堂杂文》四编卷一，清光绪三十一年（1905）刻本。

3.《清史稿（下）》，载上海书店编《二十五史》第12册，上海古籍出版社，1986年，第1424页。

4. 沈学东：《象山试馆述略》，2018年4月8日，http://blog.sina.com.cn/s/blog_4aaec1ee0102xw7h.html，查阅日期2020年12月10日。

又一个冬天：功资筑捍

光绪十六年（1890）二月初二午后，朱智（字茗笙、敏生）在暖房中看了钱叔美的山水小册，又发兴临摹了两幅。这时，听得上板儿巷有“嘚嘚嘚”的马蹄声，由远及近。朱智晓得是来他家的快驿，要仆人快去门外接候。

53岁的朱智，自光绪七年（1881）从朝廷兵部侍郎职上告病回了元宝街老宅后，这样的快马常有。对他来说，是福，也是祸。说福，朝廷的旧友没忘了他；说祸，他经历过惊心动魄的“辛酉政变”，后又进军机处，深知宦途无常。

大门“嘎吱”开时，寒冷中四蹄在青石板上迸出火星的马匹，已在紧衣束裤的快驿那一声“吁”中停落。快驿跳下马镫，缰绳穿进墙上青石壁凿出的拴马孔，进了大门。身穿灰鼠皮袍褂的朱智，已坐在大厅。

朱智拆开快驿递上的信，从“敏生足下：去冬辱惠书”看起，一直读到“书不宣尽，伏维垂鉴”。朱智见落款日是“正月廿四”，便发起愣来。

这是翁同龢的信，翁同龢有一个侄儿翁曾纯，自小连童生试（秀才）都没考中，只取了一个佾（yì）生，当了孔庙的乐舞人员。后来，他祖父好歹给捐了一个中书阁的中书职衔，也就是文书管理。再后来，朝廷嘉奖得力的各级官吏，翁曾纯又侥幸得了一个同知府的衔。

这样的虚衔，当时多得大把大把。翁曾纯熬到了光绪十五年（1889）十月，才来到浙江等待放实缺，小半年了，还在待分配。翁同龢晓得侄儿知识肤浅，上进心差，不好意思直接找浙江巡抚崧骏通融，只好找到和崧骏私交不错的朱智。

这崧骏靠一步一步实干，才熬到巡抚一职。这样的官员，让朱智明目张胆地去说情，还真难以启口。

朱智的夫人李氏，是个旗人，比朱智小 22 岁，知书达理。她得知朱智为难，劝慰说："还是找个机会，和崧骏大人说一说的好。翁大人也是被他侄儿追的，为难了，才写这信。"

朱智摇头说："怎么好特意找上门去。"李氏说："老爷不是想和崧骏大人商量修筑江塘吗？到时候，何不无意中提上一句？"朱智点头："还是夫人想得周全。"

这几年，钱塘江上游常常暴雨，一逢大潮，江塘毁坏，水淹田舍，乡人苦不堪言。朱智晓得，如此下去，总有一天塘石会荡然无存。如有百年一遇的大潮，江堤一垮，半个杭州都将被淹，修复是迫在眉睫的事。

由谁来修？工程涉及太大，朝廷是洋债高筑，各关告竭，哪来官银下拨？近来，朱智一直想和崧骏商量此事。

次日下午，正在犯愁的朱智忽听二门通报："巡抚大人来访！”朱智一惊，赶紧出迎。没等朱智跨出二门，崧骏已从轿厅来到正堂前，大声在叫：“敏生兄！我不请自来了。”朱智笑迎，见胖胖的崧骏身上穿了家常袍褂，知道他并非公干路过。

再过五日，是朱智父母的大忌之日。崧骏道明来意，说：“那日我就不来了，已备素席四桌，到时将会派人送来。”朱智连连作揖。三十年前的二月廿七，这省城从巡抚、布政使、按察使到知府、知县，在太平军的攻陷下，死了二十多人。朱智晓得，这些日子，崧骏该忙一阵了。

朱智说：“老兄来得巧，我正有一事相告。”于是，他说了江塘毁坏，急需筹款重修一事。崧骏说：“敏生兄啊，你养病在家，还是这等操劳桑梓。这事我也想奏禀朝廷，有你老兄为我操心，我无忧了！”

朱智说：“这还赖仁兄的人缘，能筹得巨资。前日

朱智像

我给翁同龢大人回信，都没有提及这事。噢，翁大人还要我问你好啊。”

崧骏不自在起来：“哎，翁大人的侄儿，候缺也快半年了。”朱智晓得，前些日子温州府有实缺，但翁曾纯不是那块料，较真的崧骏也不会买翁同龢的账。

朱智不经意地说：“要不，荐他去外省？”崧骏点点头：“倒是。”不久，翁曾纯被推荐去了广信督销局，得了一个同知府衔的盐务官员。

1．多灾的江塘和六和塔

那几年，省城杭州的复兴，可称得上最有起色。朱智本想趁身体尚可，助崧骏一把，重修江塘。崧骏，瓜尔佳氏，满洲镶蓝旗人，在京城兜得转。朱智晓得，对实干的崧骏来说，筹几个银两不是大难事。

没想到，后来精力旺盛的崧骏突然中风倒地，半边瘫痪，卧床不起。难道是好酒的缘故？本就有病的朱智，每次看到崧峻口流涎水、吐字不清的样子，自己也会浑浑噩噩多日。

光绪十七年（1891），入秋后，钱塘江上游又是暴雨成灾，江水猛涨。八月十八日，朱智和二管家江志清来到白塔。他们并非来观潮赏景，眼下这暴涨的江水，再遇大潮，会摧毁更多的堤岸塘石。朱智想看看，江塘又会成什么样子。

远处有挥旗冲浪的弄潮儿，近处有胆大的乡人在打捞上游激流下的什物。突然，有人大呼：“潮水来了！”只见远远一道白线，快速推进。近了，突然成了一堵白墙，轰轰隆隆，越来越近。岸边的江水，打着漩涡，更加浑浊了起来。

说时迟那时快，大潮如同万马奔腾，来到眼前。几丈高的巨浪，冲天而起，猛虎一样张牙舞爪，朝堤外扑来。“哗”一声，遮天蔽日，声似惊雷。几个打捞什物的人跑出不远，被大浪拍倒在地。幸好懂得潮水翻卷的力道，死死趴在地上，双手扣住乱石，没被卷进江去。

前浪一落，一波回头潮又向堤岸扑来。已被前浪冲垮的那些塘石，在回头潮的席卷下，又被摧毁了不少。浊浪冲垮了几处堤岸，潮水如脱缰之马，翻滚着，浩浩荡荡涌向堤外。白塔一带农田，转眼成了汪洋，大水及膝。

车舆没法从原路返回，只得沿山脚西行，朱智说：“顺道去看看六和塔。”车舆出了玉皇山脚，转了一个山道，远远就看见月轮山上那座黑黢黢的塔芯了，原本的佛龛，是一个个黑洞。这就是朱智记忆中曾经巍峨的六和塔，虽然早听说毁成了残骸，亲眼见了，还是心疼。

朱智晓得，吴越钱王建造六和塔，本就是为镇压江涛之恶，愿天佑杭城。六和塔已毁，这肆虐的江涛，怪不得如此嚣张。车舆经赤山埠，经清波门回城的时候，朱智想，如此下去，总有一天，哪怕是平常潮水，都会使沿江的农田成为一片泽国。

这日晚上，朱智和夫人说起江塘与六和塔，他说必须尽快修复。但是，谁来出资？崧骏大人一病，指望不上他出面筹款了。朱智说：“真的不能再等。夫人，如果我们独自筹措银两，怎么样？”

李氏明白，好冬施寒衣夏施粥的朱智，一旦有这想法，会顶真去做的。她说：“老爷真要接手，就是变卖祖产，在天上的先人也是会理解的。”

朱智点头，他说：“只怕没有十年八载，拿不下这工程。我也 60 多岁了，有病在身，一旦三长两短，就得靠夫人你担当下去。”李氏一听，顿时黯然，她说：“老爷春秋尚健，此事绝无可能。但工程一旦投入，妾身断无推辞之理。”

朱智的担心不无道理，李氏育有二女，大女儿已 14 岁，小女儿 11 岁。朱智娶的第二房夫人金氏，纳的一房小妾姜氏，至今都没有生育。家中能为他搭一把手的，还真只有李氏。

这年十一月，躺了大半年的崧骏去世了。在吊唁时，朱智和浙江粮储道台廖寿丰说起筹资修建塘、塔的事，廖寿丰曾捐过五千银两修筑余杭南湖的北堤岸，有工程经验。廖寿丰一听，赶紧说道：“敏生兄，这等勋事，是要奏禀朝廷立案的啊！”朱智说：“八字还没一撇，只是想与你讨教一番。”

两人聊了，首先，要估算出塘石短缺数目，提前定制条石。其次，冬季水涸之时，察看塘基，制订计划。至于六和塔，要聘技师，要画建筑图纸，要采办木料，工程更大，只能先建江塘，否则，财力、精力都难以应付。廖寿丰建议，徽南屯溪的花山石料不错，坚硬，不易风化，而且顺江而下，船载也方便。

当晚，朱智修书一封，给正在金华的大管家陈俊卿。朱家的几处当铺、酱园、田产，都是陈俊卿在打理。朱智在信上说了塘、塔工程，说了每年要筹措的银两，还有石料、木材的采购。

2. 毅然独任

崧骏去世后，朝廷先要布政使刘树堂“护抚”（暂兼巡抚）。光绪十九年（1893），擢升粮储道台廖寿丰（字谷似）正式任了浙江巡抚。

这一日，廖寿丰给朱智介绍了一位曾在海宁江塘当过监工的邵司务。经过勘察，邵司务将整个江塘工程计划向朱智提了出来。他说：“大人，这工程我不敢说保证百年，但五十年内，是完全挡得住大潮的。为了达到这一要求，每年不能为进度草率赶工。六百多丈江塘，再加两道拦沙坝，计划五年内干完。”

说完江塘工程，廖寿丰又笑说：“今日正好你来，我也有一事相告。日前，应宝时之子应德闳前来探望我。”朱智“哦”了一声。应宝时，同治年间曾任江苏布政使兼按察使，一个不错的官员。因为不得志，没到 60 岁就告老辞职，住在杭城忠清里，三年前去世了。

朱智说：“这应德闳，应该是应家老四吧？”廖寿丰说：“正是，德闳今年 18 岁，一表人才，前途无量。敏生兄啊，我廖寿丰有意牵线月下，想喝一杯你家大小姐的美酒，不知仁兄可中意否？”

朱智大笑：“谷似兄，你这月老的酒，朱某定要敬你了！不瞒你说，老夫年老多病，塘、塔工程一旦投入，就怕后继乏人。应家这门亲事能成，在下着实要叩谢你。”

朱智回家一说，李氏也好生欢喜。她说：“应家有五个儿子，听说也有了孙儿。我无甚要求，只想应老夫人答应一事，婚后第一个生产的若是男丁，过继给朱家就可。”朱智一听，连连说：“夫人有理。”

五月端午开始，四乡招来的近百名民工，来到凤凰山脚开始挖土、载运，开始了重新夯筑江堤的准备工作。长龙阵一样的独轮车运土，天天不息，一直持续到了入冬。此时，江边也有了十几座小山似的土堆。

这年钱塘江的枯水期来得特别晚，江堤的开工是定在十月十八。这天一早，朱智在白塔码头察看石料、木料、石灰，还有调制灌浆的米粉。石料是按原有塘石的尺寸定制的，厚一尺，宽一尺二，长五尺。塘石的每一面，另加卯榫，做到每一块能互相啮合，浑然一体。

正在运土的独轮车、挑担，依然长龙似的从凤凰山脚过来，江边第一期的堤段中，运土的、夯杵的，已经忙开了。邵司务告诉朱智，这一段早先被冲垮的堤岸，今天要在申时的潮水到来之前，完成最底下三层的加筑。

如今白塔码头已不复存在，只留白塔屹立在钱塘江畔

这三层，先打马牙桩，然后将三合土逐层堆铺、夯实。邵司务告诉朱智，堤坝的底部宽一丈二尺，每夯一层，厚一尺，要求两边缩四寸，最终成为高约一丈八尺、顶部宽约四尺四寸的堤坝。今年力争将这一段冲毁的堤岸，按要求加宽加固。

他说，下午当潮水涨起来之前，这一段堤岸的底部三层夯土，都要完成。然后，朝江一面挡上木板。当一丈八尺高的堤坝最终完成后，去掉木板，开始砌塘石。朱智对邵司务的安排极为满意，边听边频频点头。

江风极大，朱智为一个民工捡起吹落在地的草帽，又向江面望去。这是一个好天，万里晴空，江上顺水的帆船，比秋日慢了许多。船上人看见建江塘的民工，也挥手呼喊，像是在祝愿。回乡十二年了，朱智施过粥，捐过寒衣，但今天江塘工程启动，是他最得意的手笔。他忍不住像孩童一样，向江船上的人挥了挥手。

江堤下的沙滩上，几个工匠正在挥臂敲打铁钎，凿琢着七零八落的老塘石，每一次锤打，都有火星飞迸。有几个老工匠，穿了草鞋，脚踩在江滩的水中，在搬运散落的老塘石。朱智听邵司务说过，老塘石都要凿出孔眼，垒砌时，除了用泥灰黏合，还要让塘石间“吃”上一只“蚂蟥襻”，增加江塘的整体力度。

朱智想下去看看工匠。他一步一步顺石阶往下走，江志清随后跟了。朱智走得小心翼翼，到了最后一个台级，没承想脚下一打滑，也没一个扶处，身子一下子往前倾倒，多亏一边的工匠拽住了他。但朱智已经单膝落地，毡帽掉进了江滩水中，棉袍也湿了一角。

工匠憨厚，出手极快，连连说：“老爷小心！老爷小心！”朱智也连说：“多谢！多谢！”其实朱智是忍着疼说这话的，因为工匠这一拉，朱智虽然没有摔倒在塘石上，腰还是着实闪了一下。往上走时，朱智全靠江志清半搀半背，咬牙上了车舆。

回去的路上，朱智掀起棉帘，没忘了看看江中旧时的拦沙坝。拦沙坝自江边到江心，长近十丈。听邵司务说，这拦沙坝也称“挑水盘头”，要在江水最低的几天，夯土砌石，难度较大。朱智心想，这一步跨出，再难也得干了。

朱智回到府上，李氏和金氏、姜氏都来上房问候。朱智的两个爱女，朱曰慈、朱道初也惊恐不安，轻声地叫：“爹爹！”朱智斜躺在软榻上，慈爱地看着一个16岁、一个13岁的女儿，安慰说：“女儿放心，爹爹无事。”

大女儿已经出落得一身水灵，和她娘一样，杏眼圆脸，白肤红唇。朱智想，来年该挑一个好日子，把亲事办了。

3. 光绪帝亲书“功资筑捍”

光绪二十一年（1895）八月十八，朱智照例去了江边。

当浑浊的回头潮蟒蛇一般退了，朱智赶紧下得高处，急急向堤岸走去。朱智先看脚下的塘石，再看潮水西去的方向，一百丈新江塘完好无损，大喜。

这日，朱智上了月轮山，在黑黢黢的六和塔周围走了一圈。他从下往上看，六、七两层的塔心，在日头照耀下，有光在中间闪烁。难道六、七两层的塔心有裂缝？这可得要拆掉重砌啊！朱智去了塔边开化寺，他对方丈说：“大师，来年我要是重修六和塔，万望大师为工匠提供食宿方便。这塔建好，我将为你重修寺院。”方丈大喜，忙说：“阿弥陀佛。”

返回的时候，朱智去了离元宝街不远的抚宁巷巡抚府署。清时，为防止官员私自建造宅邸，各署都附有宅舍。铁打的衙门，流水的官，每一个任上的官员，不挨到房屋要塌，都不会申请拨款翻建。朱智常来，小厮一声通报，他就进了这一座还能对付住的宅院。

朱智和廖寿丰商量给朝廷呈奏工程立案的文字，需要写清江塘、六和塔状态，也就回家拟起稿来。九月十五日，一份近千字的工程立案奏折，经廖、朱两人再三敲定，由快驿送往了京城。

奏折如此写道：

头品顶戴浙江巡抚臣廖寿丰跪奏，为在籍大员分年捐修塘塔要工，据情奏请立案，恭折仰祈圣鉴事。

窃查浙江省钱塘县境内，自秋涛宫起至范村，迤逦二十余里，向名捍江塘。前因塘工坍损……据署杭嘉湖道丁彦委员勘估。嗣以筹款维艰，又海防多事，未及举办。……光绪十九年，潮汛骤猛，昼夜冲激，坍塌愈多……庐舍被淹，且卤水浸灌田禾……民情万分焦虑。前委勘，应修者四百三十二丈，现又随时续坍一百七十六丈。察看工程，似难再缓。并查江塘之上，向有六和塔……无塔则江潮为害……彼时，护塔廊屋虽焚，塔心无恙。……现在六、七两级砖石倾圮，塔顶坍塌漏明，塔心又坏。询之江干耆老，皆云连年江潮横决，实由于此。欲期江塘巩固，修塔实不容缓。今公款正当支绌，就地又无从劝捐。修筑愈迟，冲淹愈广。……需银二万九百五十两零。据考江塘做法，塘脚钉桩，应在水涸见底之时，逐层加高，尤必俟潮汛缓小，方免随砌随冲。如遇风雨冰雪，即难施工，未能刻期竣事。六和塔在月轮山巅，前临大江，护塔廊屋七级，每级二十四间，共一百六十八间……其费且较修塘为巨。塔高二十八丈，支架登造颇涉危险。……前兵部右侍郎朱智……似此险要巨工，竟能竭力输将，毅然独任，洵属公尔忘私。……请准予立案……

奏请立案缘由理合，恭折具陈，伏乞皇上圣鉴。谨奏。

这是以廖寿丰的名义，为朱智的塘、塔工程呈报的立案报告：钱塘江从秋涛宫到范村二十余里堤塘，一向被称为捍江塘，对遏止江潮极为重要。前几年，江塘被潮水冲毁太多，也经过杭嘉湖道丁彦委员勘察评估。因为筹款困难，海防又多事，一直无经费，拖着没办。光绪十九年（1893），江潮凶猛，江塘坍塌更多，潮水外涌，房舍庄稼被淹。原本坍塌四百三十二丈江塘，现在又坍了一百七十六丈，工程实在不能再拖了。

江塘上有一座镇潮的六和塔，以前护塔廊屋虽然被大火烧毁，但塔心还好，现在六、七两层也快倒塌。杭州江干一带的老人说，江潮如此肆虐，与六和塔的毁坏有直接原因。所以，要想江塘巩固，重修六和塔也刻不容缓。当今官府资金实在困难，又无从筹捐。但工程如再拖延，危害更大。

这江塘工程，估算要二万九百五十两。另外，修建艰难，筑堤先要打桩，要在水涸时逐层加高堤土，等潮汛稍小，再砌塘石。遇到风雨冰雪，还要延期。六和塔在临江的月轮山上，护塔廊屋要建七层，每层二十四间，共一百六十八间，这费用比修筑江塘更大。六和塔高二十八丈，搭支架也极危险。

前兵部右侍郎朱智，不怕艰巨，毅然筹措银两，独自承担塘、塔工程建设，实在是公而忘私的行为。请朝廷准予立案，也请皇上裁定。

九月下旬，秋高气爽，朱智的大女儿朱曰慈和应德闳完了大婚，朱宅连续几天充满喜气。一桩大事了却，朱智精气神倍增。秋天一过，他几次去了江塘工地，在初冬尚未凛冽的江风前，眼望来往樯帆，耳听浪涛在江塘上拍打。朱智向江水合掌祈祷：望早早进入枯水期。

钱塘江，古称“浙（折）江”。当它缓缓流淌时，极似两岸的士民，温良恭敬；当它奔腾咆哮时，又像上游的乡民，孔武勇猛。历经战乱的朱智明白，再温良的乡民，一旦沦落于灾难中，生活无着，也会如同江潮，汹涌起来。如今战后的杭城，正在逐步恢复，安抚乡民，重塑家乡昔日辉煌，是当务之急。

钱江潮

进入冬季，江塘工程再次开工。这日，朱智由邵司务陪同，小心翼翼下得塘堤的台级。察看去年冬季垒砌的塘石。干涸的江滩上，最底五层塘石露出了水面。在纵横交错的塘石缝隙间，抿灌的油灰并未脱落，老塘石上的蚂蟥襻紧紧相扣。这是一个好兆头，朱智喜形于色。

十一月初四下午，阴天，朱智又到工地。江风凛冽，尘土吹得好生迷眼。那一面作为测量标志的杏黄旗帜，在猎猎江风中，撕裂出了马鬃似的毛边。民工顶着寒风，运土，打夯。江塘上，工匠们正在垒砌塘石，也有的在塘石上铆蚂蟥襻。

朱智眯眼远望，只见一匹快马，带着四蹄腾起的尘土，从东面奔工地而来。到近处，才看清是巡抚府送邸报的快骑。那人到了朱智面前，翻身下马，单膝落地作一长揖，朗声说道："万岁爷赐侍郎大人的御书匾额快到，巡抚大人请侍郎大人赶紧回去恭迎！"

朱智万万没有想到光绪帝会赐他匾额，激动得一时无语，上了车舆，说一声"快马加鞭"，车夫甩了一下响亮马鞭，车舆一路颠簸而回。

此时，回到宅邸迎候御匾，似乎不恭；去武林门外，已经来不及。朱智想，车舆只有顺了板儿巷奔北，到庆春门直街折西，再沿了西大街北上，迎到哪里算哪里了。

途经金钗袋巷，朱智赶紧回了元宝街宅邸，更换正装。他向李氏交代几句，匆匆出门，车舆沿长板巷向北奔去。在城内的石板路上，车舆跑得虽然快了，车轱辘外的厚牛皮却缓冲不了颠簸，朱智随了木车轮的辘辘声，上下颤动。

车舆折西，过庆春门直街，到车桥东堍时，朱智听到鼓乐吹打，抬头一看，远处人头攒动，渐渐过来，朱智急忙叫停。

车舆一停，朱智翻身下舆跪倒路边。只见一方匾额，披了大红绸彩，在众人的簇拥下，徐徐而来。人群走得近了，一见跪地的是朱智，有人唱喏一声，众仪仗的火铳“砰砰”当空放响，吹鼓手鼓起腮帮一阵猛吹。

那御匾上是“功资筑捍”四字。朱智起身，再跪，行了三叩九拜大礼，谢恩祗领。这“功资筑捍”，说的

朱智故居

是朱智捐资修筑捍江塘的功勋。朱智与巡抚、布政使、按察使等人一一作揖，回谢祝贺。

随后，众人众星拱月一般，护送御匾继续南行，迎进朱宅。次日，兴奋得一夜无眠的朱智，在家歇了一天。毕竟是67岁的人了，难挡连日劳累。况且冬末初春，朱智的顽疾哮喘，又复发了。下午，朱智喝了一盅银耳燕窝，打起精神，研墨挥毫，草拟起了给皇上的谢恩折。

十一月初八，朱智的谢恩折，由巡抚廖寿丰转递，快驿送出。

头品顶戴浙江巡抚臣廖寿丰跪奏，为据情代奏，恭谢天恩，仰祈圣鉴事。

窃臣具奏前兵部右侍郎朱智捐修江塘、六和塔工程，恳请立案，钦奉上谕，著赏给御书匾额一方，以示嘉奖等因，钦此。兹据朱智呈称，本年十一月初四，奉到御书“功资筑捍”匾额一方，当即敬谨，叩头祇领。窃智夙抱采薪，时怀敬梓，三折之洪涛澎湃，鸿雁时嗷，六和之重镇倾圮，鲸鲵为虐，爰输蚁悃，愿任鸠工……

所有感激，下忱理合，呈请代奏……伏乞皇上圣鉴。谨奏。

这是由廖寿丰代奏的朱智给光绪帝的“感谢信”。“夙抱采薪”，说的是朱智一直抱有为民做事的想法。“时怀敬梓”，说的是时时不敢怠慢家乡之事。“三折”（钱塘江）以下的文字，是说朱智面对江涛、灾民、六和塔的毁坏，潮妖（鲸鲵）的肆虐，愿尽微薄之力……

所有对皇上的深恩感谢，对家乡的真切情意，理合肺腑……请圣上明鉴。

光绪二十一年（1895），一进入冬季，雨水倒是没像去年那么淅淅沥沥。按原定计划，今年还要建一百五十丈新江塘。朱智算了算工程，今年就算是没有大的雨雪，工期还是有一点紧张。朱智看着那些来来往往担土、夯杵的民工，还有江堤下正在垒砌塘石的工匠，他想，明年过了潮汛，新江塘要是依旧完好无损的话，工程也算过半了。

这一日，朱智从江堤返回时，因为冬季连日无雨，旧江堤干硬坎坷，车轱辘震得他屁股着实生疼。但朱智还是满心欢喜，因为他看到了江塘工程告竣有望，也看到了六和塔开工在望。

4. 大雪和大喜

光绪二十二年（1896）冬季，下了两场雪。

腊月十六傍晚的一场雪，来得十分猛，落灯时分，刚绒花飞扬，转眼成了鹅毛狂飞。十七日清晨，元宝街的积雪上已经没了脚印。到了中午，太阳出来，朝阳处的雪倒是融化了不少。

没想到十八日一早，寒冷异常，满地的积雪和着融化的雪水，成了一片冰坨。沿街的屋檐瓦上，挂满了难得一见的溜长冰棱。这也欢喜坏了伢儿，用竹笤帚的柄筒小心取下冰棱，放在嘴中吮舔。辰时，邵司务派人来朱宅送信，江塘工程这两天动不了工。

十九日，停了三天的江塘工程，又开干了。一早，阳光明媚，朱智要去江边。李氏拿出一件连帽的羊羔皮披风，加在朱智的棉袍外面。这披风从京城带来，还不曾穿过。李氏又要仆人拿来稻草绳，在朱智的棉靴上缠了几圈，叮嘱他到了工地要走得小心。她又再三交代江志清，车夫千万不可图快。

这一日，朱智花了往日的两倍时间，才到工地。在老江堤上，包了厚牛皮的车轱辘，几次打滑，差点拖了骡子滑落堤岸。好在车夫粗壮，和江志清一起死死拉住车子，才没酿成大祸。到了工地，朱智看见民工已在清除完冰雪的堤坝上忙开了，十分欣慰。他告诉邵司务，今日每人赏一角银毫的酒钱。邵司务将这话一转告，工地上更是热火。

江风刺骨，田野一片雪白，江上的船也少了许多。江志清几次要朱智坐进车舆中去，朱智说他再走走看看。朱智晓得，这一段旧江堤比较完好，要是干到腊月底，能完工一百五十丈。加上前两年的江塘，计划中一大半即将完成。明年，建塔的银两也要尽早筹集，等技师一到，马上招募木工。

这日朱智回到宅邸，没等他洗洗一脸的尘灰，李氏在他耳边悄声说：“老爷，你先进内室片刻！”朱智见李氏的两颊笑出了一双酒窝，大惑不解。走进内室，是女儿、女婿来了。多日不见的女儿，见了爹爹，倒是一低头，羞涩了起来。

李氏笑说：“老爷啊，大喜临门！”朱智一愣，难道女儿有了？果真，不但有了，李氏还说：“郎中号过脉，是个男丁！”朱智的心一热，差点当了女儿、女婿的面流出老泪。按约定，这男孩就是朱家后裔。朱智早就为他想好了“朱应鹏”的姓名，“应”，就是不忘应家，“鹏”，寄予孙子鲲鹏展翅的愿望。

陈俊卿来了，这位大管家比朱智小 8 岁，已过六十大寿。陈俊卿一身干练，少年起就跟他父亲老陈管家，为朱家东奔西跑打理田产、店铺。如今，他的儿子陈星五也跟着他在管事。这么多年过来，朱智对这位忠心耿耿的管家实是放心。

陈俊卿带来了两张各一千两的银票，他告诉朱智：前年因水灾冲毁的稻田，今年收成不错，佃租收得也很顺利；当铺经营，马马虎虎；几家酱园，市场形势一好，生意倒也兴隆。他又从包袱中取出几本账册递给朱智，这也是每年腊月底前审核的常规。

5. “六和”顺应

光绪二十三年（1897）的正月一过，去上海聘请建塔技师的人一直没有回应。六和塔重建的日子，迟迟定不下来，朱智有点焦急。

不过，这一年朱家也有欢喜。五月，朱曰慈产下一个白白胖胖的男婴，有一双如同李氏的大眼睛。朱宅的大红灯笼，从东面金钗袋巷的花园到西侧牛羊司巷的客房，夜夜红烛通明，喜气洋洋。远远近近前来道喜的亲友，连续几天络绎不绝，让请不到技师的朱智，心情好了不少。

按朱家规矩，大红灯笼挂满三个月，要取下了。江志清问朱智：“老爷，哪天落灯？”朱智说：“且慢，再等一个月。”这一年是丁酉大比之年，22 岁的应德闳将赴秋试。果真，一进九月，邸报传来，应德闳中举。朱宅的大红灯笼，红红火火，又挂了三个月。

好事再次传来，九月底的一天，一位和朱智一样有着开阔额头、肤色微黑的士绅来到朱宅，他说：“在下李诸士，京城华泰建筑事务所技师，由大学士翁大人推荐来见。”并奉上翁同龢书札一封，朱智喜出望外，赶紧让人布置客房。

这李诸士好生了得，次日就要去六和塔勘察。欣喜异常的朱智，当即嘱咐江志清，从今开始，着重陪同李诸士，负责六和塔工程。

六和塔的重建工程开始进入测绘和图纸制作阶段。不多日，李诸士的两个助手也从上海来到了朱宅。朱智租赁了三乘车舆，以供三人来往朱宅和六和塔之用。

连续十几天勘测后，六和塔测绘数据全部出来了，李诸士三人又闭门数日，设计重建方案。那几天，每到掌灯时分，一盏气化灯点得牛羊司巷西厢房如同白昼。三十多天后，李诸士将一叠图纸放在朱智面前，四人围坐在八仙桌前，李诸士一张一张作工程解说。

李诸士说：“第一步，将六和塔的第六、第七两层塔心砖完全拆除，同时修复一到五层塔心，然后再重建第六、第七两层塔心。第二步，在七层塔心外，构筑十三层环形木结构外廊。也就是将一到六层塔心，分成十二层环形廊屋，塔顶单建一层廊屋。这十三层廊屋，每层二十四间，共三百十二间，分七明六暗。也就是说，奇数的七层，一百六十八间，以螺旋形楼梯相通，供游人上登；偶数的六层，共一百四十四间，全部封闭。第三步，重塑十三层飞檐翘角。”

朱智听了频频点头。李诸士又说：“侍郎大人，脚手架的搭建，是这工程的难中之难。粗毛竹的脚手架，要搭三次，拆三次。第一次是重砌塔心砖，第二次是造廊屋，第三次是建外檐。越往外搭，难度越大，因为南面紧挨江岸峭壁，比较危险。整个费用，初步估计至少六万银两。”

这日晚上，朱智又是一夜未眠。江塘已投入了三万多银两，要是工程顺利，至少还得两年。建塔的银两，除了田租、当铺和酱园的每年收益，还有很大短缺。看来，只有变卖祖上田产了。为了杭州的福祉，朱智也只有这么做了。

六和塔内部结构

六和塔内部结构

三更敲过，朱智还没睡去，脑中总转着六和塔。“六和”，按儒家说法，即六种顺应，也就是君义、臣行、父慈、子孝、兄爱、弟敬。上有国君行事的合乎道义，下有一家处世的友爱恭敬，天下才能安定繁盛。当然，君臣行事，朱智不能参与了，仅仅一家处世，也还不够。朱智想得最多的，是“敬梓”，也就是尽己所能，为家乡的美好效力。

6. “了微臣未竟之志”

光绪二十四年（1898），冬天来临。钱塘江水位一低，露出了近十丈远的沙滩，三郎庙（今作三廊庙）和白塔的两道拦沙坝开始施工。这拦沙坝也称“挑水盘头”，一则可减轻江沙对堤塘的冲击，二则可便于来往船只的停靠和船客上下。

这也是朱智最上心的工程，如果在次年的春汛到来之前，不能完成拦沙坝的塘石垒砌，江水一旦高涨，那就半年白干了。民工也因为朱智的亲临和酒钱的赏赐，起早贪黑地干。因为没有江志清在身边的不时提醒，朱智总是不顾疲劳，去了拦沙坝工地，又会再去六和塔看看。

朱智不是不放心江志清对修塔的监理，塔心砖身的修复，脚手架纵横交错，全靠竹篾捆扎。每当寒冬下雪结冰，他总担心工匠安危。尤其靠江一面，一旦滑溜，可能会顺坡滚入江滩。十几丈的高度，会出人命的。朱智一再交代那位姓张的监工，宁可放慢进程，也要保证安全，不要催促。

连日的奔波，朱智精力不济。幸好到了正月，能在床上躺个十数日，缓和一下。正月一过，春季来临，朱智的哮喘病最容易复发。这日午夜，老毛病又犯了，朱智半躺床上，大口喘气，有时候喘得上气不接下气，一身大汗。每当这时，熬药、熬参汤、佛龛前求菩萨保佑，搞得李氏、金氏、姜氏手忙脚乱。

好在是老毛病，一个多月挺过去，又调养一个多月，精气神又回来了。这日，朱智想去六和塔工地看看。有些事，眼不见到，心不踏实。李氏、金氏、姜氏送他出了二门，李氏递给贴身小厮王贵一把油布雨伞，说：“今日会有雨。你要提醒老爷早早归来。”朱智说：“我有数，你们都回吧。”

这是四月上旬的某日下午，朱智因为刚病愈，精神也不济，察看完了六和塔工地，还真依了小王贵的提醒，早早回家了。当车舆在堤岸上行走的时候，乌云突然密布了起来，有点入夜的样子，剑似的闪电划过江面，霹雷一个接一个响起。紧接着，风夹了雨从东往西刮了过来，不一会儿，雨就瓢泼一样了。

朱智暗暗叫苦，暴风骤雨中，哪能打得住油布雨伞。眼看是前不着店，后不靠村，没地方可躲，只得任大雨劈头盖脸，浑身湿透。不一会，江风一吹，朱智颤抖了起来，吓得小王贵紧催车夫甩鞭狂奔。

这一次，朱智真的倒下了。他连续多天，哮喘带发热，压不下去，元气大伤。郎中来了两拨，药汤将胃口都吃倒了。几天以后，自感衰竭的朱智强打精神，要李氏请来陈俊卿、江志清，还有陈俊卿的儿子陈星五。

朱智喘着气对陈俊卿、江志清说：“这一次，我怕挺不过去了。我走了以后，你俩要尽心辅助夫人，把塘、塔工程按要求干完。”陈俊卿说：“在下一定尽心尽力，老爷春秋尚健，放心养病为要。”江志清也表示会全力配合。

朱智又单独对陈俊卿说：“好兄弟，外面的一切，托付你了。江塘的扫尾，六和塔的修建，一旦银两跟不上，你可以做主，卖掉几份田产。”他又指了李氏怀中那个白白胖胖的3岁孙子朱应鹏，对陈俊卿说：“你和你儿子陈星五，都要像对我一样，尽心辅助我孙儿。朱某在九泉之下会感谢你们。”朱智这番话，说得满屋哭声一片。

正在国子监的应德闳偕朱曰慈从北京赶回时，已是四月二十四日。次日，朱智要应德闳记录一份给光绪皇帝的遗折。因为按清朝惯例，朝廷内的六部九卿，朝廷外的总督巡抚，临去世都要向皇上呈递遗折，以示忠诚。内容略叙一生经历，表示未竟遗愿，还要上报子孙姓名，期望得到皇上恩赐庇荫。

应德闳执毫，写下抬头：

“跪奏为微臣病势垂危，图报无日，伏枕哀鸣，仰祈圣鉴事。”

朱智停了片刻，又说：“窃臣越中下士，忝列贤书。蒙三朝知遇之恩，由部曹入直枢垣，洊跻卿贰。光绪七年，在兵部侍郎任内因病奏请开缺，回至浙江省城原籍，杜门养疴。嗣因钱塘县境内，濒江石塘，坍塌已甚，并六和塔年久失修。臣目击情形，工程紧要，自愿分年措资，独力修建。呈请前任抚臣廖寿丰奏明立案。二十一年十一月，蒙恩颁到御书匾额一方。……本年入春以来，旧恙增剧，复患外症……臣子早经即世，臣孙应鹏，尚在孩提。现在塘塔工程，幸已及半，惟有遗属家属，悉心经理……早竣全功，以了微臣未竟之志……”

朱智在遗折上感恩三朝皇上的赏识，使他能跻身朝堂，从部曹进入军机处，位于九卿之次。他说，光绪七年（1881）由兵部侍郎告病还乡，本想闭门养病，但看到钱塘江石塘坍塌，六和塔失修，自愿分年筹措资金，独力修建。

光绪二十五年（1899）入春，他旧病增剧，不慎又得外寒，自感不久将离世。在此，朱智说到咸丰十年（1860）死去的儿子。他含糊了儿子去世的年月，只说

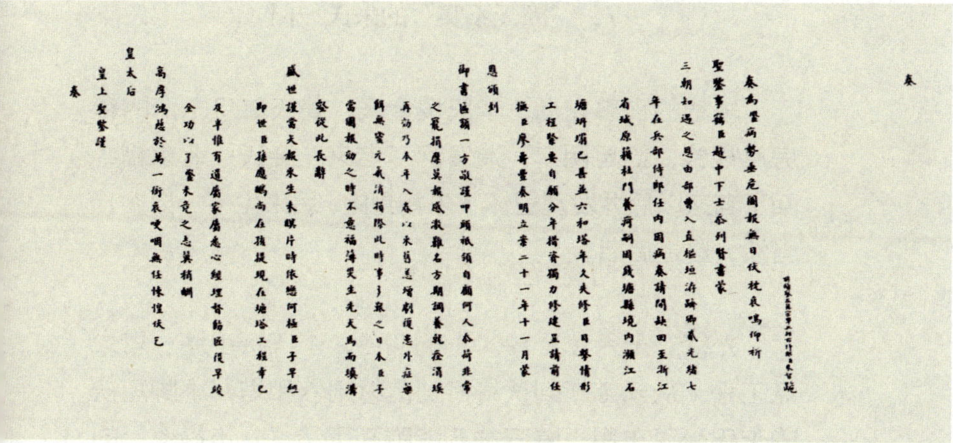

朱智遗折

孙子朱应鹏如今尚是孩提，他叮嘱家属，要将塘、塔工程悉心进行下去，“了微臣未竟之志”。

“夫人切记，我走了以后，切莫让德闳久留，他功名在身，早早返回京城为好。”应德闳写完遗折，朱智又对李氏说，“书柜中有我画的几幅佛像，六和塔完工后，记得临摹在佛龛之上，以尽老夫为家乡祈福之心。”

朱智抬头又看金氏、姜氏，说：“我走后，你俩趁年轻，尽早改嫁。夫人，你要给足她们银两。”

朱智留下遗嘱的第二日，也就是光绪二十五年（1899）四月二十六日，撒手人寰，终年71岁。朱府一片哭声，几日举丧不息。

不久，户部经光绪帝同意，封3岁的朱应鹏以“员外郎”衔。

7. “断无不实”的朱氏一门

朱智的丧事完后，李氏按金氏、姜氏每月十两的私房月规钱，给足两年，遣发回了老家。金氏，北京籍，回了老家以后才发现已怀了朱智骨肉，后来生下一男婴。当然，这是后话。

光绪二十六年（1900）的初冬，李氏接手塘、塔未竟工程。从元宝街到秋涛宫到范村到六和塔，小脚短袄的李氏坐了车舆，隔三岔五就跑开了。“分年措资”的工程款项，在陈俊卿的张罗下，也逐期按时到位。塘、塔工程，在江志清、邵司务、李诸士等人的尽心努力下，进展顺利。

转眼到了光绪二十七年（1901），春汛到来之前，塘堤的重建和拦沙坝工程，全部竣工。这一年，从五月起，上游连连大雨，洪水泛滥。据邸报载，山洪一度淹没了建德更楼镇的二楼窗户，寿昌城内水涨六尺，房屋、牲畜、木料顺江冲到杭城，洪水几日不息。

钱塘江畔六和塔旧影

到了十月初，上游又是大雨滂沱，梅城被淹三次；下游更是浊浪滚滚，与逆江大潮撞击得如同蛟龙出水，冲天而下的潮水，拍击江塘，震耳欲聋。欣慰的是，江堤塘石岿然不动，沿岸田地、农舍，安然无恙。李氏闻讯，连续三天在佛龛前烧了高香。

这一年刚入腊月，飘起雪来，六和塔工程也进入了廊屋的建筑。那一日，李氏的车舆来到月轮山下，换肩舆上了山顶。她将朱智的几幅画卷交给了江志清，江志清说："夫人放心，我马上安排画工临摹，你可趁雪还没下大，安心返回。"

李氏说："这是老爷的交代，容我看它画到佛龛上去。"江志清只得让侍女小心搀扶，他也陪了，从塔中的正方小室，沿梯级一级一级旋转而上。

到了二楼，李氏坐看画工起好架，在塔身中的佛龛上落墨勾笔，有了菩萨的大致轮廓，才起身念几声"阿弥陀佛"，下了楼。

李氏临走时，雪依然稀稀落落，下得不大，但她还是嘱咐江志清，一旦雪大了，还是停工的好，又说："今日晚餐，每人赏酒一壶，加荤菜一道。要告诉工匠，酒后千万不要进佛堂，以免玷污了菩萨。"

光绪二十八年（1902）春天，二十八丈高的十三层六和塔、三百十二间明暗廊屋全部完工。清明这日，李氏去徐村朱智墓地祭扫，返回的时候，她又上了月轮山。当她看到拆除了脚手架的六和塔，有了木结构的八角环形廊屋时，双手合十。

只见八角形廊屋的每一面，四根柱子分隔出了三楹空间，也称“四柱三楹”。两侧的楹面是砖墙，中间一楹对开了两扇雕花窗棂。李氏虽然没有拾级登塔，但那身心早已在十三层塔顶之上了。她似乎临窗远眺，在六和塔的法力下，江涛妖孽纷纷退缩，风静江晏。李氏从腋下抽出手绢，擦了擦眼角的泪，暗暗念叨：“老爷，你可以安心了！”

江志清告诉李氏：“夫人，接下去就是最为艰难的外檐工程。你看，塔身这么高，脚手架不但要高过它，南侧最外的一层，还要搭到临江的崖边。施工时稍有劲风，或者下雨，都是极危险的。”

那一日，清明放假，工地只有几个看守人。李氏再三交代江志清：“刮风下雨，能停就停。”江志清说：“我晓得了，夫人放心。还有，景德镇定制的釉瓦、陶甓，我已经写信给二爷（陈俊卿），最好能在六月前运到。”李氏说：“好，我也去信催催。”

六和塔的外檐脚手架，从清明开始，足足搭了三个多月。入秋以后，为了避免大潮对南侧施工的影响，每日潮汛来临前，江志清都要工匠集中到北侧施工。他怕一旦有个闪失，辜负了夫人的嘱托。

到了光绪三十年（1904），正月一过，六和塔开始了飞檐、斗拱的修缮。艳阳九月，又进入了全塔油漆工序。月轮山上，每当日光斜照，朱红的塔身和金碧的琉璃瓦，熠熠生辉。晚风吹起，八角翘檐上的铜铃叮当响起，回荡山间。杭州士民奔走相告：“看六和塔去！”上月轮山的人，整日不息。

六和塔全面竣工以后，按朱智的承诺，李氏要江志清开始开化寺的重修。月轮山上的树木栽种，塔与寺庙内的香案、法器采办，也同时进行。

当时，曾国藩的女婿、湖南衡山人聂缉椝（guī）任浙江巡抚。他得知朱氏一门为了塘、塔建设，变卖了大半田产，极为敬佩。他一到杭州，当即登门拜访李氏。他说："朱氏一门向善，不仅给杭城带来福祉与名望，也带来大道教化，我当牢记为铭。"

光绪三十年（1904）十一月初四，聂缉椝执笔，向光绪皇帝呈递了朱氏完工奏折：

六和塔

……塘、塔两工，一律完竣，计塘工六百二十六丈七尺六寸，塔屋三百十二间。……所有塘、塔两项工程，共用工料银十万三千四百五十两零。……查是案工程，历时将及十年，需款数逾十万。故绅捍卫桑梓之功，洵堪历久不朽。该职善继善述，克竟先志，尤属难得。应请准予销案。此系独力捐办义举工程，断无不实，且始终未动公款……

“独力捐办”，“断无不实”，“始终未动公款”，这是聂缉椝对朱氏一门的最大肯定，钦佩之情，溢于字外。当然，出于封建伦理，李氏的所有付出，只能以孙儿朱应鹏的名义体现。奏折中的“该职”，指的就是员外郎衔朱应鹏。

赘言：

2007 年，我走进元宝街 1 号源丰祥茶号遗址。直觉告诉我，这不是茶商拥有的建筑。当我在上海找到这遗址的后人朱建先生，才得知它的真正主人是朱智。

由于历史原因，朱建对曾祖父朱智知之不多。好在我的文章得到哈佛大学费正清研究所孔祥吉教授的关注。孔先生为此披露了不少朱智史料，其中，浙江巡抚为朱智代呈光绪帝的四道奏折，揭开了朱智独资修筑江塘和六和塔的历史。

这是一段被遗忘的历史，可以说，它对我们这座城市的影响，不只是民生的优越保障和古建筑的完美呈现，更是一种高尚的文化与道德的呈现。

杭州，正因为有诸如朱智这样的先人，这样的教化，这样的精神，才有了如今举世闻名的品质之城的璀璨。

参考文献

1. 朱正主编：《朱智史略》，2012 年。

2. 梁思成：《五代、宋、辽、金之实物》，载《中国建筑史》，1954 年讲义稿（电子版）。

3. 许小富主编:《杭州历史大事记》,方志出版社,2006 年,第 252 页。

又一个开篇：古城新貌

宣统元年（1909）10 月 10 日上午，刚成立一个月的浙江谘议局，在新盖的议会厅召开第一次会议。118 位谘议局议员，到了 106 位。当陈黻宸议长宣布第一次会议开始议案提交时，议员们争先恐后举起了手。

这是一次被《申报》称作全国省城谘议局中最成功、实施议案最多的会议。全省与会议员，立宪派明显压倒顽固派。类似浙西发展水利规划、识字班的部署等温和议案，巡抚增韫当场爽气答应择日执行。类似清查救灾款的使用，要求清廷将"铁路国有"改为招股商办等激烈议案，增韫就吞吞吐吐了。

时年 37 岁的褚辅成站了起来，他架一副细框眼镜，蓄两撇八字唇须，用糯糯的嘉兴话提了一个让增韫和旗人议员目瞪口呆的议案。他说："冷兵器时代已经过去，杭州的城中之城八旗驻防营，没有存在的必要了，反倒让西湖摒在了城外。不妨将之拆除，重新规划建设，打造一个亦景亦商的新市场。"

八旗驻防营，也就是存在了 250 多年的旗营城。它东起惠兴女校，西到西城墙（如今的青年路到西湖），南依浣纱河，北到钱塘门直街（如今的开元路到庆春西路）。这里有将军署、都统署、协领署、防御署、参佐署、骁骑校署等 137 所衙门，还有旗人住宅。咸丰十一年（1861），此地被一把大火烧为平地。再建时，除了镇浙将军署稍有规模，其他全是土墙棚屋。

褚辅成说：“如今朝廷是洋债期迫，各关告竭，下拨驻防营的官银也是捉襟见肘。都说旗人生计久为困难，推其所致，多由于不自营业。今就旗营空地兴辟市场，不仅能提倡经营，振兴杭州，也可以使旗人生计得以解决。”

车水马龙的商业街旧影

褚辅成的话一停，不少议员鼓起掌来。这个以青石板巷子著称的城中城，没有类似上海那样的商市。哪怕素有盛名的“大街”（现中山路），也因太平天国运动后的再建，只有一条巷子开阔。十座城门十条直街，和元宝街一样，都比巷子稍宽一点。杭州要进入“新政”，推翻旗营的土墙棚屋，重新规划近代商市，是一个不错的主意。

巡抚增韫是老官场，当下“新政”，朝廷要求开放舆情，面子上得过得去。他呵呵一笑：“褚议员之说也有理，但这要容我和瑞徵将军计议了。”瑞徵，镇浙将军，是旗人，也是八旗在浙江驻军的最高官员，光绪皇帝载湉的亲娘舅。

当然，这提议遭到了瑞徵的极力反对。

1. 嬗变中的温良

1911 年 11 月，杭州新军起义成功，差一点当上浙江军政府都督的褚辅成，任了政事部长，实权在握。他在新政府的会上再次提出建设新市场的议案（见 1912 年 1 月 3 日《申报》），台下无人再有异议。

当月 17 日，拆除旗营的城墙先付诸实施（见 1912 年 1 月 17 日《申报》），大方砖石整齐地垒在一边，那是用作筑路的。同时，旗营内的房屋，也分公、私两类，开始清理登记，听候处理。

1912 年《浙江公报》有公告如下：

本年二月间，民政司与该营代表德济，曾经订有条约，自佐领以下公署及兵房，限自阴历四月底止，一律交还。

> 至自造房屋，虽准本人所有，但须向系安分之人，仍有殷实商家担保，方准居住。至恩饷，以三个月计共九万元。旧历年底已给过三万元，其余六万元，该条约载明，提存银行，俟迁出时，凭该营代表给发支单向银行领取。……拟提饷银，设立工艺传习所……

这公告将旗营的官产兵房和个人所有的“自造房屋”进行区分。前者，限期“一律交还”新政府；后者，必须由殷实商家担保。也就是说，在新市场建设中，实行商业性改建担保。

公告中的“恩饷”，指旗营官兵在迁出时，按三个月的原俸禄，发给九万元银元。要晓得，民国初期财政空乏，这笔由地方士绅筹集的款项，体现出的是这座城市的温良敦厚。

至于提取饷银，为旗人设立工艺传习所，促进就业，后来进行得并不理想。多数旗人因闲适习惯与清高个性，并没有选择去工艺传习所，他们宁可远走他乡，也不愿就地安置。

不能远走他乡的老弱妇孺，新政府在菩提寺路盖了200间住房，供予居住。多年前，笔者采访一位时年81岁的叶赫那拉的后裔，他说，当时他爷爷因病去世，父亲年幼，由奶奶承领过菩提寺路的住房一间。

从这一场近代中国最大的变革来看，杭州虽然也发生过新军进入旗营时的冲突，但在所有的省城中，杭城士绅处变的能力与温和的性格，还是居首位的。

这是近代杭州变革的开始，旗营的城墙拆了，除将军署保留外，其他旗营矮房全都推平，四条井字形道路，笔直产生。

两条南北向道路，一条是沿了西湖的湖滨路，一条是从延龄城门到钱塘门直街的延龄路。两条东西向道路，一条是从迎紫门到西湖的迎紫路（现解放路），一条是从平海门到西湖的平海路。

这些路，有四五条巷子开阔，遍铺沙砾，和青石板巷子相比，更适应骡马车舆，时人称“大马路”。一开始，也有人认为不如青石板整洁的，但三年以后，当淞沪护军使杨善德兼任浙江督军，带来一辆外国轿车时，时人才明白，大马路是要跑“喝”油车的，这又是一个时代的趋势。

井字形主干道一完成，众多的次干道如惠兴路、白傅路、东坡路、岳王路、孝女路、蕲王路、学士路等相继形成。新路全都摒弃了曾经巷子的弯曲，不但取直，还保留了原有的河流、河滩。无论东西浣纱河，还是南北浣纱溪，以及支流如平海街到小车桥的西河，都没有任何一段填埋，杭城依水而居的习俗，完好保留。

新市场的建设，开创了近代中国以出售土地搞城建的先河。因为是先河，刚开始哪怕沪杭富绅，也响应寥寥。阮毅成在《三句不离本杭·适庐与静远书屋》中说：“1912 年，杭州光复，拆除旗营，开辟新市场，先君为购地的第十个人，其前为青年会预定地，故自命曰青年里，隐有择邻之意”。

地块标售的收入，加快了公共设施投入。公众运动场、通俗教育馆、沿湖的六个公园和六个游湖码头相继建成。

这亦景亦市的格局，仅两年就被沪杭士绅看好。共舞台、喜雨台、大世界、金城饭店、西湖饭店、杭州酒家、新会酒家、素菜馆，还有采芝斋糕点、大华照相馆纷纷开业。

当新建的基督教青年会那临街的大钟敲响，夜间的打更，白天吴山的午时炮，都成了历史。“逛旗下去！”是杭州人嘴中的时尚，连城南府治前的赵家二小姐，也说嫁人要嫁旗下人。

2. 从赵二小姐到鲁太太

赵二小姐本名赵阿二，因老爹宠爱，读了五年新学堂。宣统帝登位那年，阿二辍了学，她爹说，女伢儿，识这些字够用了。但他不晓得，读了五年书的二小姐，心眼高了，嫁人要嫁旗下人。

赵家开一爿茶馆，阿二被叫成“二小姐”。这一叫法出自茶客，他们好说二小姐来一段《玉堂春》，阿二就当众亮嗓子，咿咿呀呀唱了。阿二高兴时，冷不丁会唱一段《打渔杀家》，她娘总说她“沸颠颠”（随心所欲）。

钱塘门城墙旧影

赵家茶馆门前，在早也是老杭城的一个热闹去处，从店门往北过桥，是杭州府衙门。那桥上，隔三岔五有捂屁股瘸腿的人。二小姐自小听说，那是打官司的人挨了板子。她娘说，你歪了头说话（任性），早晚也要挨衙门板子的。

赵家门前这桥本名宣化桥，打官司吃板子的人一走就走出了懊悔，桥也被叫成“懊来桥”。是啊，银子也花了，理也有，审堂时知府心情一不好，当场一声吆喝，白花花屁股打出血红的印。二小姐听了有点怕。

二小姐 14 岁那年，闹民国了。共舞台装转动机关那年，17 岁的二小姐也算遂心定了亲，男方住在平海路，叫鲁永福，25 岁，不矮微胖，是个巡警。第一次见面，也是在茶馆。

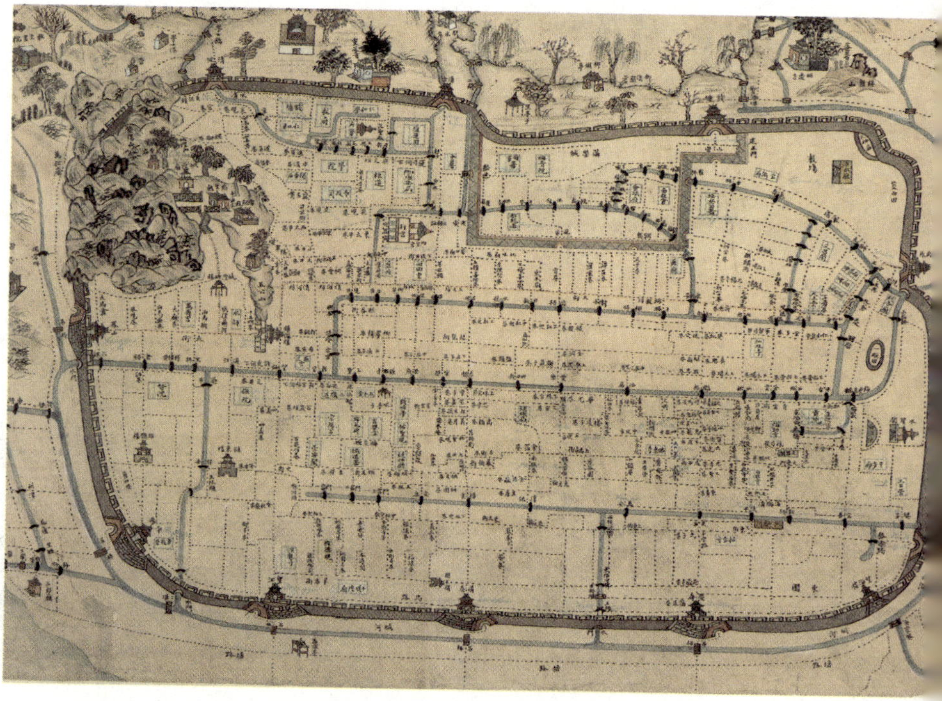

清代《杭城西湖江干湖墅图》上可见遍布的大街小巷

不过，二小姐和鲁永福坐的是新式茶馆，也就是湖滨路的西园。那天外面飘着清雪，西园内的人多得要出汗，二小姐说我们坐阳台去。二楼阳台的软藤椅，正对西湖，天是凉的，二小姐心是热的。

后来，二小姐和鲁永福常去西园，点上一碟西式的奶油标花小蛋糕，喝一杯咖啡。中式也有，一杯龙井，茶点就不是赵家茶馆隔壁的小烧饼，而是西园自制的，蟹黄虾仁大包、鲜肉小笼，还有山核桃软糖、桂花酱馅粽子糖，都是二小姐的最爱。有一天，二小姐读报，看到连俞平伯先生都称西园是“全国顶阔的茶馆”。

二小姐和鲁永福说起了衙门当众扒裤子打屁股，鲁永福说，杭州再也不会有这种事了，延龄路北头那座法院，打官司都允许雇律师当庭申辩。这在北京，都是新事，叫作“依法”。

结了婚，二小姐成了鲁太太，他们也常去共舞台。楼上有单厢包间，转动舞台有电光布景，一本京剧连台戏《火烧红莲寺》，直到晚年，鲁太太都说了又说。她还说大世界过于闹猛，让人晕头，还是共舞台好。

鲁永福好去新会酒家粤菜馆二楼的喜雨台茶楼。这里不光喝茶，墙上还悬挂两米见方的一块棋盘，对弈者在桌上放“马”支“炮”，侍应生举叉就将大棋子挂墙上。座上观棋人，也不必伸脖子围睹，大家悠然品茗，慢慢分析。有时候遇上高手打擂台，诸如扬州的张锦荣、永嘉的林弈仙，鲁永福更能偷得几招，闲时杀邻居几盘，欺欺“上首”。

这时候，往往是鲁太太坐了黄包车，去府治前的娘家了。府治前是一条东西向的巷子，叫过外龙舌嘴，也叫过青龙寺巷。鲁太太每次回娘家，黄包车轱辘碾青石板，震得屁股痛，她说还是马路好。

3. 新杭州的延伸

府治前往西，勾山樵舍和西湖近在咫尺，隔了高高的城墙，鲁太太小时候，总好骂“塞煞弄堂——没屁眼”。她盼望墙头推翻，径直好去西湖。鲁太太虽然没看到新市场推城墙造马路，不过，青龙寺巷拆城墙扩马路，她是亲眼见了。

巷子变马路，有趣的是迁房子，不是拆房子哦，是“搬房子”。先是上房揭去瓦片，揭得只剩檩条、椽子，有二楼的再拆楼梯。最后，拆掉立柱的横木，拿掉板壁。接下来，房子的每一根立柱绑上井字状的杠棒，吃力气饭的短衫汉子四人一组，齐齐上了阵。

领头的一声号子，众人起立，呼儿嗨哟，吭哧吭哧抬了。赵家的房子，就这么一直移到北面运司河的石塝边，再逐一复原板壁、横木、瓦片。巷子从此成了西河坊街。一句杭州话“搬房子”，就是这座城市嬗变的最深记忆。

搬了房子，茶馆的盛水缸也挪了，还是放在北窗边，一半露出窗外，方便挑水倒水。搬房子，呼儿嗨哟，当天完结。次日一早，赵老爹生炉子挑水，落排门开店。茶馆做的是水生意，茶客一坐，好说上海的自来水，就像亲眼看见一样，说龙头一拧，清水哗哗。

二小姐见赵老爹挑水辛苦，总说长大了要给老爹装自来水。结了婚，鲁永福每次听鲁太太说这心愿，总说“快了快了，工务局研究三四次了，到时候大陈列馆一开张，自来水八九不离十也会有”。

大陈列馆，也就是延龄路上吴山路边那一座浙江商品陈列馆。早几年，杭州的丝绸去参加巴拿马博览会，得了不少奖牌。回杭后，为了展示，建了这座二层楼的回字形大陈列馆。当然，巴拿马博览会上，杭州得奖的不光丝绸，还有工艺品。一幅一百多种染色丝线绣的耶稣像，洋人出一万三千美金买走了。

陈列馆开张，鲁永福也忙，他要穿新制服，挎警棍，在馆外执勤。鲁永福压得住街，不过，上面再三说，巡警是为市民服务的，哪怕指责一个随地吐痰的人，都不能发横。省城杭州，要给外地人一个好！

那天是 1919 年 9 月 25 日，正好是鲁太太的 3 岁儿子生日。鲁太太牵着已经会走路的儿子，提前在陈列馆门口等候。8 点一到，大门哗啦啦打开，娘儿俩随着人流直奔二楼。这么高的二楼，四面玻璃，亮亮堂堂，看得见西湖。逛馆的人首选上二楼，再逛一楼。

哇！鲁太太从来没见过商品城是这番模样，铺面连了铺面，据说有一百六十多间。百货这厢是丝绸布匹、

武林门拆除现场旧影

民国风情画中穿旗袍的女子

服装鞋帽、金银首饰、古玩木刻、藤器竹椅，还有工艺品、化妆品，看得她眼花缭乱。食品那厢是鱼鲞海菜、金针木耳、茶叶藕粉、糖果糕点、火腿国药，应有尽有。鲁太太说："儿啊，你小子算赶上新杭州了。"

在服装鞋帽铺，鲁太太看中了一件印有兰花的士林蓝旗袍和一套适合儿子的小西装。她没有马上买，鲁永福要她先看好，晚上一起再来。

这天晚上，鲁太太买了旗袍、西装，又在馆外看漫天的灿烂烟花。后来的日子，听鲁永福说，外地人就比本地人来得多了。陈列馆设了邮购部，外地买主留一个地址托邮，放心去游西湖。

不过，陈列馆的自来水只是小范围供应。鲁永福告诉太太，整个城市没法解决水压问题，还不能实现全城供水。好在鲁永福的三儿子读小学那年，杭城的自来水从紫阳山蓄水池利用落差流来了，替代了赵家茶馆的井水。当然，这是后话。

但那套印了兰花的士林蓝旗袍和儿子的小西装，倒是有鲁太太说不尽的回忆。她说就这么眼睛一眨，儿子大了；就这么眼睛一眨，杭州变了。

赘言：

推倒旗营，筑路开市，是杭州成为近代城市的起步。一座精致纤巧得如同锦帛丹青的古城，从此迈入了集文化、商业、旅游、观光为一体的风景都市的历程。

赵二小姐见证了杭城的嬗变，这是一个时代的跨越。如同赵二小姐成了鲁太太，让她有了前所未有的惊喜。个性阳光、追求自由的赵二小姐，也在这嬗变中看到了这座城市所引领的新时代风气。

从那以后，在新老杭州人一次又一次的努力下，我们这一座得天独厚、称得上“天堂”的都市，最终成了当代一座引人注目的品质之城。以当年的商品陈列馆为代表的商家，几经华丽转身，和湖滨商业圈一起，坚持特色品质，闻名中外。

参考文献

1. 徐一士：《一士类稿 · 一士谭荟》，重庆出版社，1998 年，第 196 页。

2. 林芳、谢辉：《陈琪与近代中国博览会事业》，《浙江学刊》2008 年第 4 期。

3. 金华元：《试论清末浙江谘议局》，《绍兴文理学院学报》（社科版）第 28 卷第 6 期，2008 年 11 月。

4. 杭州市人民政府地方志办公室、杭州图书馆编：《杭州历史大事记》，方志出版社，2006 年。

5. 杭州市政协文史资料研究委员会编：《杭州工商史料选（杭州文史资料第九辑）》，浙江人民出版社，1988 年，第 175 页。

6. 杭州市政协文史资料委员会编：《杭州文史资料（第十七辑）》，1993 年，第 169 页。

7. 政协杭州市委员会文史委编：《杭州文史资料（第二十三辑）》，1999 年，第 102 页。

8. 阮毅成：《三句不离本杭》，杭州出版社，2001 年，第 114 页。

丛书编辑部

艾晓静　包可汗　安蓉泉　李方存　杨　流

杨海燕　肖华燕　吴云倩　何晓原　张美虎

陈　波　陈炯磊　尚佐文　周小忠　胡征宇

姜青青　钱登科　郭泰鸿　陶文杰　潘韶京

（按姓氏笔画排序）

特别鸣谢

曹工化　夏　烈　徐吉军（系列专家组）

魏皓奔　赵一新　孙玉卿（综合专家组）

夏　烈（文艺评论家审读组）

供图单位和图片作者

杭州市文物考古研究所

于广明　任　鲸　张　可　张国栋　程慰唐

蔺富仙（按姓氏笔画排序）